Teste Dein Englisch mit Rätseln!

Ein motivierendes Testbuch in drei Schwierigkeitsstufen

Von Anna Berestowska
und Adam Sumera

Langenscheidt

Berlin · München · Wien · Zürich · New York

Auflage:	5.	4.	3.	2.	1.	Letzte Zahlen
Jahr:	2000	99	98	97	96	maßgeblich

© 1996 by Langenscheidt KG, Berlin und München
Druck: Druckhaus Langenscheidt, Berlin
Printed in Germany · ISBN 3-468-38504-8

Zur Einführung

Nicht jeder, der seine englischen Sprachkenntnisse
auffrischen oder vertiefen will, hat Zeit und Lust, ein
vollständiges Lehrbuch oder einen umfangreichen
Sprachkurs durchzuarbeiten.
Mit **Teste Dein Englisch mit Rätseln** liegt ein Werk
vor, das eine anregende und zugleich unterhaltsame
Technik des Spracherwerbs anbietet. Es richtet sich
sowohl an Anfänger mit Vorkenntnissen als auch an
fortgeschrittene Lerner jeden Alters, die gerne Rätsel
lösen. Das sprachliche Niveau bewegt sich gemäß der
Zielgruppe im Rahmen des Cambridge First Certificate.
Das Buch gliedert sich in drei Teile unterschiedlicher
Schwierigkeitsgrade: Part One – Two – Three. Mit Hilfe
von vielen abwechslungsreichen Kreuzworträtseln und
anderen Rätseln kann man seine Englischkenntnisse in
den Bereichen Grammatik, Vokabular, Rechtschreibung,
Idiomatik und der Differenz zwischen Britischem und
Amerikanischem Englisch testen und erweitern. Das
kann sowohl allein als auch in der Gruppe geschehen.
Zur Kontrolle finden sich die richtigen Antworten im
Anschluß an die Rätselaufgaben. Ein Englisch-
Deutscher/Deutsch-Englischer Wörterbuchteil rundet
das Buch ab, wodurch es auch als Nachschlagewerk
sinnvoll benutzt werden kann.
Die Autoren des Buches, Anna Berestowska, MA, und
Dr. Adam Sumera, sind Englischlehrer mit langjähriger
unterrichtspraktischer Erfahrung und bürgen so für
moderne, methodisch vielfältige Übungsformen, wobei
speziell die Problemfälle des Englischen Berücksichti-
gung finden.
Das Buch ist aufgrund der abwechslungsreichen Rätsel
und Übungen äußerst motivierend und eignet sich
besonders für das Selbststudium.

Inhalt

Part One

1 Crossword

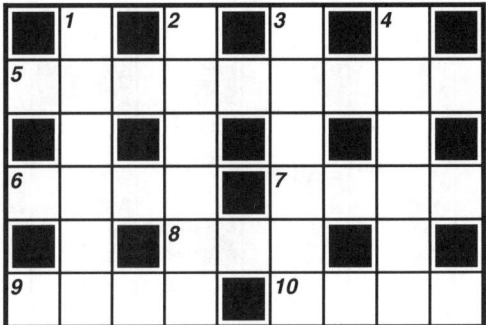

Across

5 Susan travels a lot: _____ she was in Rome,
today she is in Madrid.

6 Where do you _____ from? Italy?

7 Do you know William Shakespeare's _____ of
birth?

8 I had only one _____ for breakfast.

9 Britain is not the only country where people
drive on the _____-hand side of the road.

10 I am not sure if you can _____ your living by
writing poems.

Down

1 The water may be polluted. You have to boil it
_____ you drink it.

2 His address is 15 Baker _____.

3 Remember to put the butter in the _____.

4 The _____ brought us the menu.

2 Crossword

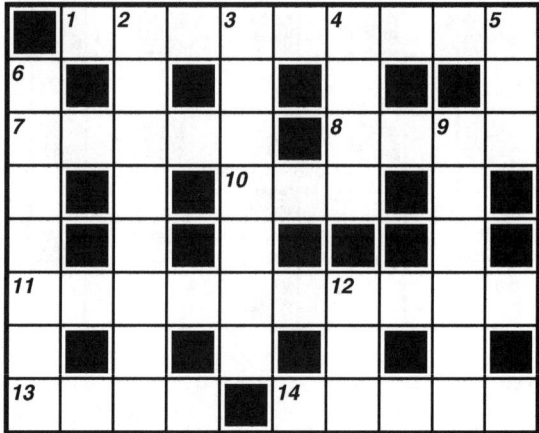

Across

1 Those who give jobs to other people.
7 People wear them on their fingers.
8 Second-hand.
10 Winston Churchill's or Laurence Olivier's title.
11 The melody of the language.
13 Not there.
14 Democratic or Republican.

Down

2 A member of the government.
3 Pupils have them every day except Saturday and Sunday.
4 Belonging to you.
5 Unhappy.
6 Coming from Britain.

9 Use of strength and energy.

12 A hot drink England is famous for.

3 Comb Puzzle

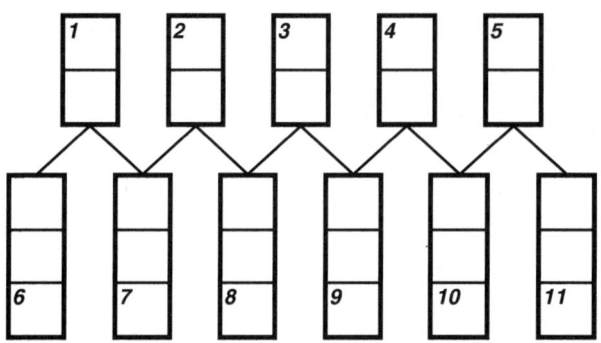

1-6 She bought a loaf of _____ and some cheese.

1-7 Why don't you _____ your friend to the party?

2-7 The first _____ I saw was a broken vase.

2-8 Athos, Porthos and Aramis are the famous _____ musketeers.

3-8 I can't possibly _____ to the terms he suggested.

3-9 She played the same tune over and over _____.

4-9 He wants to go to _____ to see a bullfight.

4-10 Motor-racing is a dangerous _____.

5-10 We were late so we took a _____ cut.

5-11 Don't _____ the bottle! It's nitroglycerine!

4 Quick Change

1 Change a letter in YOUR to make a number.
2 Change a letter in FIGHT to make another number.
3 Change a letter in PAIR to make what you have on your head.
4 Change a letter in MONEY to make something very sweet.
5 Change a letter in BAY to make a month.

5 Crossword

Across

1 When we started watching the match the _____ was 1-1.
4 _____ news travels fast.

6 You look pale. Are you ____ right?

7 Do you still remember your ____ day at the college?

9 May I ____ your phone?

10 I hope the weather will ____ fine tomorrow.

12 I had ____ breakfast very early this morning.

14 Tom and Alison met only two weeks ____.

15 Parents don't always ____ with their children's opinions.

16 This is Mr Watson and this is his ____ Jimmy.

17 ____ chocolate is Mary's favourite drink.

18 Matthew is 15 ____ old.

Down

2 "The other side of the ____" means the alternative aspect of the matter.

3 There was nothing to ____ in the house so he went to bed hungry.

4 Most Scandinavian people have ____ eyes and fair hair.

5 What ____ he do for a living?

8 Laura was ____ as a child, but now she is self-confident and very talkative.

10 You're making a ____ mistake giving up school a few months before graduation.

11 We didn't have ____ so we paid by cheque.

12 The dress she liked best was the ____ expensive one in the shop.

13 Our only chance of seeing a polar ____ is at the zoo.

15 If you have ____ questions, feel free to ask them now.

6 Crossword

Across

1 This knife isn't _____ enough.

5 When are they going to _____ to their new house?

7 _____ isn't important when you know how to enjoy life.

8 The United Kingdom consists of Great Britain and Northern _____.

9 The questions children ask are not always _____ to answer.

10 Cows mainly _____ grass.

11 It was _____ midnight when we finally arrived home.

13 She jumped _____ the water.

14 All children know the story of Snow White and the _____ dwarfs.

15 Have you _____ heard a hyena laugh?

16 This is a photo of my mother as a young _____.

Down

1 ____-fiction is not his favourite kind of
   literature.
2 The ____ temperature in this region is 18°C.
3 He gave his wife a string of ____ for her
   birthday.
4 This old boat is ____ of wood.
5 ____ new people may be difficult for a shy
   person.
6 Mr Cox is a frequent ____ to this library.
12 Have you finished solving the puzzle ____?

7 Word Spiral

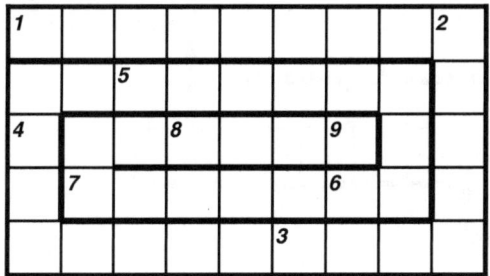

1-2 A meal.
2-3 A four-digit number.
3-4 A female child.
4-5 It comes from the clouds.
5-6 *The Times* or *The Guardian*.
6-7 Indeed.
7-8 365 or 366 days.
8-9 Not poor.

8 Prepositions

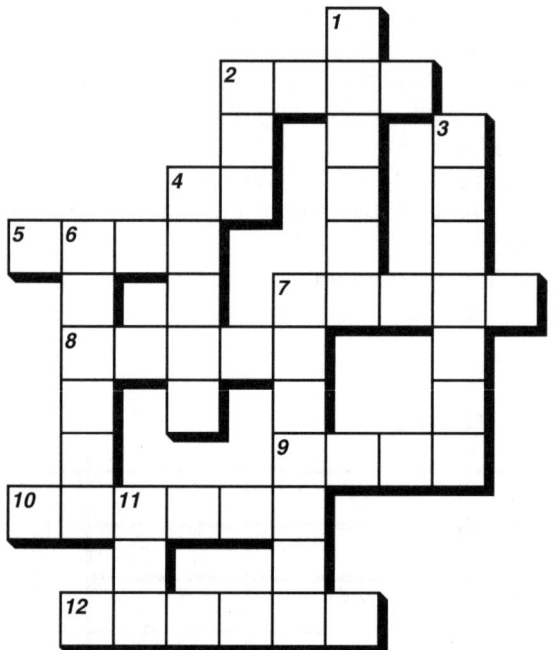

Across

2 I wish I could travel all ____ the world.

4 Don't look ____ me like that!

5 I won't be seeing her ____ Monday.

7 The results were ____ average.

8 It hasn't rained here ____ March.

9 You can cut the rope ____ this knife.

10 They had a car accident the day ____ yesterday.

12 He wrapped a towel ____ his waist.

Down

1 Come and sit _____ me, please.
2 Your going there alone is _____ of the question!
3 The road goes _____ the forest.
4 They were walking _____ the bank of the river.
6 When the police came, the burglar was still
   _____ the house.
7 What is the difference _____ a crocodile and an
   alligator?
11 We've been waiting _____ over an hour.

9 Logogriph

¹A						
²B						
³C						
⁴D						
⁵E						
⁶F						

1 You write it on the envelope.
2 The past form of BRING.
3 A part of a book.
4 In spite of.
5 A fast train.
6 You've got 5 of them on each hand.

What is the word in the marked column?

10 Past Simple

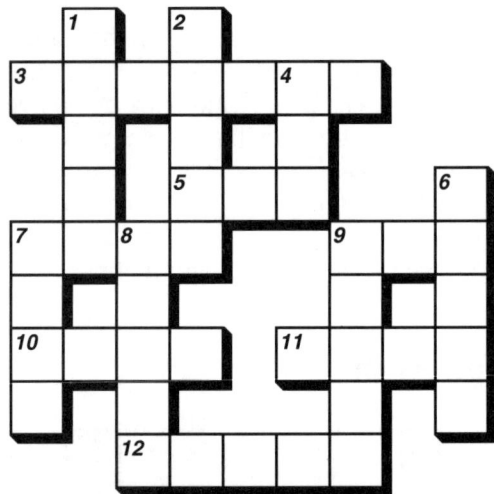

Use the past forms of the following verbs to fill in the blanks: build, choose, deal, fall, find, hide, lead, leave, lose, shut, sit, spend, steal, think.

Across

3 I _____ he had accepted the invitation.

5 The path _____ to the orchard.

7 They _____ early enough to catch the bus.

9 She _____ by the fireplace reading.

10 It was getting cold so we _____ all the windows.

11 The boy was climbing a tree when he _____ down.

12 He _____ with the difficult situation quite effectively.

Down

1 We ____ Brian to represent us.
2 They ____ this part of the house later.
4 The children ____ in the attic.
6 Someone ____ my luggage when I was buying the ticket.
7 I ____ my umbrella again yesterday.
8 She ____ the exhibition most unusual but interesting.
9 We ____ all the money on clothes.

11 Proverb in Code

1	1	2	3	4	5
2	2	6	5	2	4
3	5	3	7	8	2
4	8	2	9	2	8

Replace numbers with letters to make a proverb. The clued words will help you.

1 The symbol of love.
2 Go in.
3 A piece of furniture.
4 A horizontal surface.

Solution:

7	2	5	5	2	4	■	8	3	5	2	■
	5	1	3	6	■	6	2	9	2	4	

12 Words Often Confused

Choose the right answer and mark the corresponding letter. The letters will make the solution.

1 They sold the house at a good ____.

price	**W**
prize	**S**

2 You've given me a good piece of ____.

advice	**E**
advise	**O**

3 May I ____ your pen?

borrow	**L**
lend	**B**

4 Can you ____ me to drive?

learn	**K**
teach	**L**

5 It was a ____ winter evening.

quite	**A**
quiet	**D**

6 Strong coffee will do me ____.

good	**O**
well	**N**

7 There were ____ people at the concert than we expected.

fewer	**N**
less	**P**

8 Father feels ____ this morning.

bad	**E**
badly	**Y**

13 Add a Letter

1 Add a letter to MONEY to make an animal.
2 Add a letter to LIGHT to make a journey by air.
3 Add a letter to WATER to make a job.
4 Add a letter to RAIN to make a means of transport.

14 In the Family

Here are the names of twelve members of the family. Each letter is represented by a number.

1	2	3	4	●	●	●	●
5	6	7	8	●	●	●	●
^{6}U	^{7}N	^{9}C	^{10}L	^{4}E	●	●	●
7	2	4	9	4	●	●	●
11	12	8	13	4	14	●	●
3	5	8	13	4	14	●	●
7	4	15	13	4	1	●	●
16	2	16	8	4	14	●	●
17	14	12	8	13	4	14	●
13	6	16	17	5	7	18	●
18	5	6	19	13	8	4	14
19	14	5	7	18	16	12	7

15 Crossword

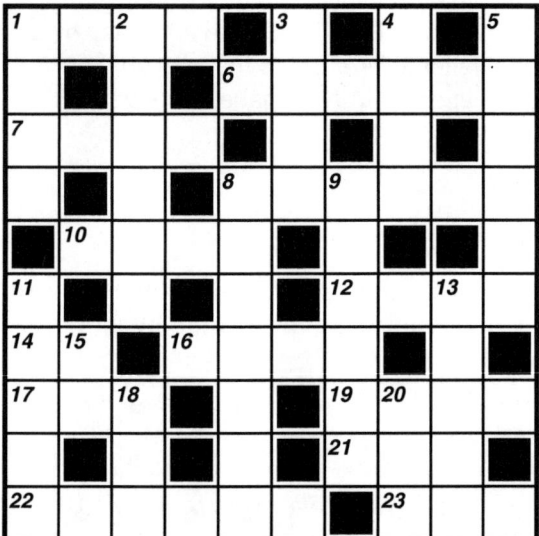

Across

1 Did you _____ back home late last night?

6 We must stop at the nearest _____ station. Our tank is almost empty.

7 Let's sing *It's a _____ Way to Tipperary*.

8 The good times may be over but the memories _____.

10 Dave and I _____ been working together for years.

12 Can't you _____ with us for another day?

14 Did they spend their holidays in the mountains or _____ the seaside?

16 I can do it but I need _____ more time.

17 There was a ____ of trees along the back wall of the garden.

19 If you don't know the word, ____ it up in the dictionary.

21 The children had a lot of ____ making a snowman.

22 I had a large breakfast and yet I'm still ____.

23 Five and five make ____.

Down

1 Put on your coat! It's rather ____ today.

2 Mary hates ____ jobs like carpentry or sewing.

3 I don't like it ____; let's go somewhere else.

4 The industrial ____ of the country is extremely polluted.

5 Don't rush! We have ____ of time.

8 The doctor says it will take him a month to ____ from this illness.

9 I bought ____ a pair of shoes.

11 Easter comes in either ____ or April.

13 She never leaves her children ____ in the house.

15 Please, listen ____ me carefully.

18 Did you ____ the game?

20 The magician took a rabbit ____ of his hat.

16 Remove Letters

1 Remove a letter from BUSH to make a car.

2 Remove two letters from BLOUSE to make a colour.

3 Remove two letters from BETTER to make a drink.

4 Remove three letters from PASSPORT to make football, swimming or athletics.

17 Plurals

Find the plural forms of the words given in brackets.

Across

2 We were watching wild (goose) flying south.

6 How much are (this) oranges?

8 They caught a lot of (fish) yesterday.

10 Can you find (deer) in that forest?
11 He studies economical (crisis) of the 20th
   century.
12 Could you tell us more (story), please?

Down

1 He has false (tooth).
3 The boy and the dog look after all my (sheep).
4 The Simpsons have four (child).
5 Most American TV (series) are soap operas.
7 She picked some (berry) in the woods.
9 There are three (foot) to a yard.

18 Logogriph

¹C					
²C					
³C					
⁴C					
⁵C					

1 Buffalo Bill.
2 You can see them in the sky.
3 It is used for taking photos.
4 An opportunity.
5 The middle part of something.

What is the word in the marked column?

19 Past Participles

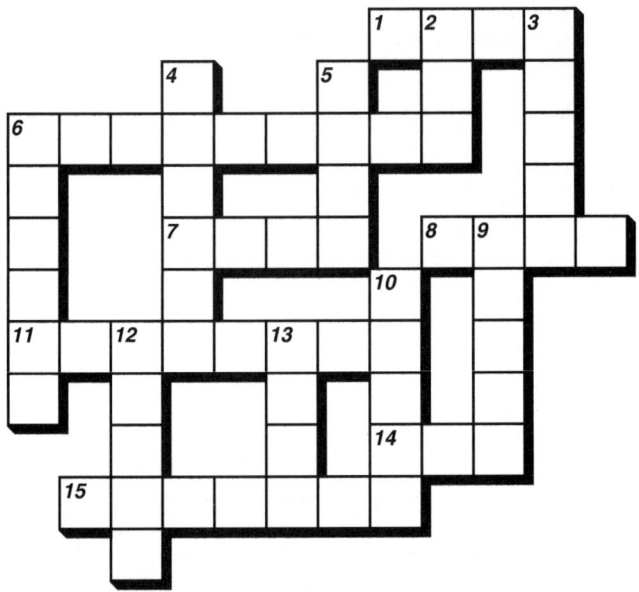

Find the missing third form of the following verbs.

Across

  1 Shoot, shot, _____.
  6 Broadcast, broadcast, _____.
  7 Go, went, _____.
  8 Send, sent, _____.
 11 Mistake, mistook, _____.
 14 Win, won, _____.
 15 Write, wrote, _____.

Down

2 Hit, hit, _____.
3 Take, took, _____.
4 Catch, caught, _____.
5 Make, made, _____.
6 Become, became, _____.
9 Eat, ate, _____.
10 Know, knew, _____.
12 Swear, swore, _____.
13 Keep, kept, _____.

20 Clothes

Can you find ten articles of clothing hidden in the grid?

R	S	S	S	E	R	D	Y	S	E
E	B	R	C	S	P	B	G	U	N
V	L	X	E	I	O	N	W	I	S
O	O	T	D	S	I	C	M	R	K
L	U	R	I	K	U	V	K	Z	I
L	S	W	C	U	F	O	M	S	R
U	E	O	R	G	S	L	R	Q	T
P	T	S	H	I	R	T	B	T	D
S	A	T	E	K	C	A	J	E	Y

21 One Word Will Do

One word in each group will complete the compounds.

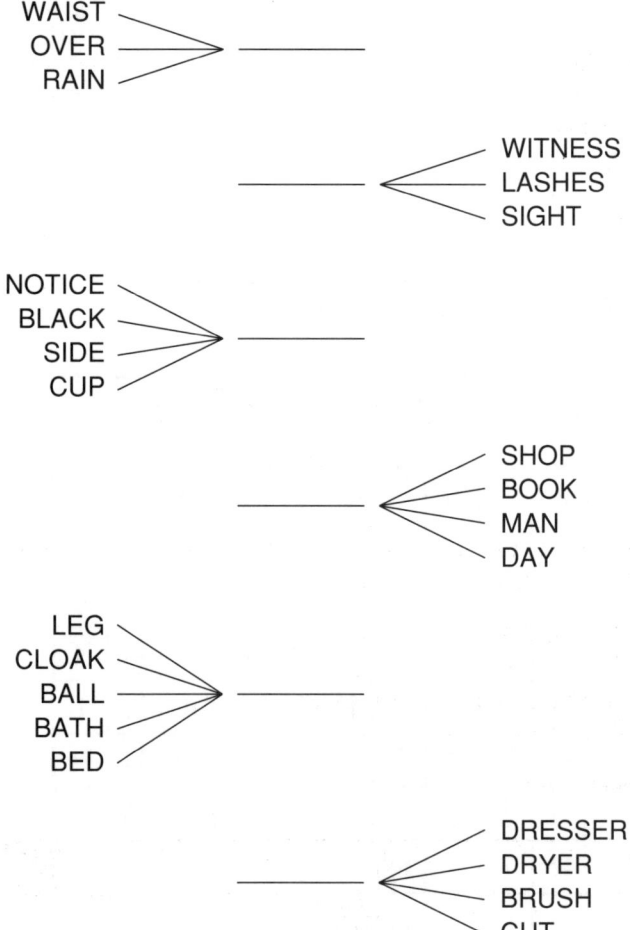

WAIST
OVER
RAIN
— _____

_____ —
WITNESS
LASHES
SIGHT

NOTICE
BLACK
SIDE
CUP
— _____

_____ —
SHOP
BOOK
MAN
DAY

LEG
CLOAK
BALL
BATH
BED
— _____

_____ —
DRESSER
DRYER
BRUSH
CUT

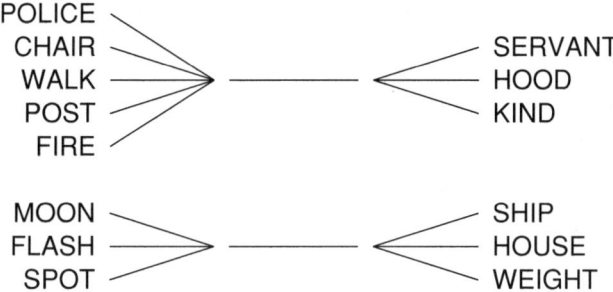

POLICE
CHAIR
WALK
POST
FIRE

SERVANT
HOOD
KIND

MOON
FLASH
SPOT

SHIP
HOUSE
WEIGHT

22 Proverb in Code

1	1	2	3	4	5
2	3	4	2	6	7
3	8	6	9	10	2
4	11	4	11	3	2

Replace numbers with letters to make a proverb. The clued words will help you.

1 This may happen to a glass when you drop it.
2 The opposite of LATE.
3 You use it to make bread or cakes.
4 Something to write on.

Solution:

6	9	9	5	■	1	3	8	9	2	3	■

	7	9	10	■	6	3	4	11	

23 Make Them Sound the Same

Rearrange the letters in each group to make pairs of words that are pronounced in the same way, for example WEAK and WEEK.

1 EON   NWO
2 DERO   ORDA
3 HERET   RITEH
4 EDROB   DOBAR
5 SITAW   ETWAS
6 TWRIE   THIRG
7 UDE   WED

24 Colours

Here are the names of eight colours. Each letter is represented by a number.

¹R	²E	³D	●	●	●
4	5	6	2	●	●
4	5	7	8	9	●
4	1	10	11	12	●
13	1	2	2	12	●
11	14	15	16	2	●
10	1	7	12	13	2
17	2	5	5	10	11

25 Dominoes

Arrange the dominoes into an unbroken chain to make ten words.

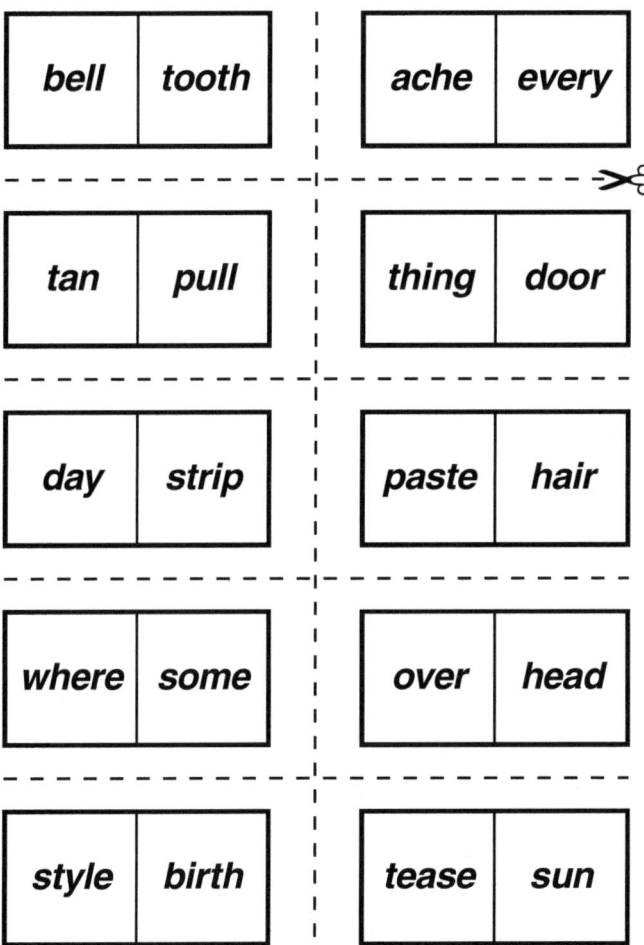

Part Two

26 Crossword

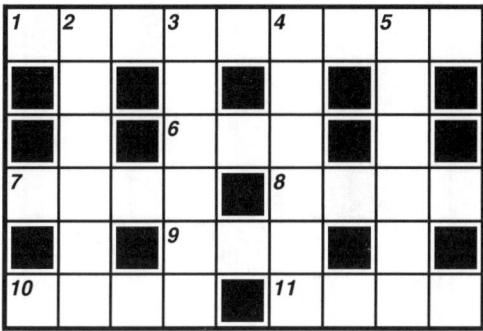

Across

1 Then the priest said, "I now _____ you man and wife."

6 They never say much; they just _____ their heads in agreement.

7 She bought these nice sandals in the _____ shop round the corner.

8 Soldiers must _____ orders, mustn't they?

9 She took a _____ of beans and a can of Coke.

10 The waiter came in with a _____ in his hand.

11 Iran and Iraq belong to the Middle _____.

Down

2 I'd _____ talk about it some other time.

3 A right angle is an angle of _____ degrees.

4 What is done cannot be _____.

5 The crowd always _____ the new champion.

27 Crossword

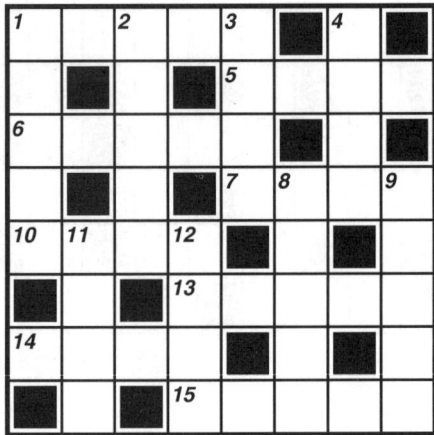

Across

1 Come on! There's more to see in _____ than just the Eiffel Tower!

5 Have you _____ thought of buying a sailing boat?

6 It was in 1978 but I can't remember the _____ date.

7 This salad needs some _____ and pepper.

10 She _____ she is thirty but she definitely looks younger.

13 You can borrow money but sooner or _____ you'll have to give it back.

14 He not only speaks French but _____ Spanish and German.

15 The weather couldn't have been _____; it was cold and it rained all day.

Down

  1 _____ the button and the lift will come.
  2 _____, steady, go!
  3 We don't need two television _____, do we?
  4 The _____ rang and all the pupils rushed to get
    out of the classroom.
  8 Fred Astaire was a fine _____ but above all a
    great dancer.
  9 Do you know the story of _____ little pigs and a
    big bad wolf?
 11 I'm sorry but I won't be _____ to come and see
    you tomorrow morning.
 12 I arrived late because my watch was
    10 minutes _____.

28 Animals

Find twelve animals hidden in the grid.

K	N	T	Q	E	P	A	R	R	O	T	Y
A	L	O	U	V	L	M	F	W	I	E	H
N	E	Z	I	R	W	E	H	T	K	R	S
G	M	Y	B	L	T	A	P	N	D	A	H
A	A	X	V	J	L	L	O	H	K	E	A
R	C	H	D	E	Q	M	E	Z	A	B	R
O	E	L	I	D	O	C	O	R	C	N	K
O	C	P	E	N	G	U	I	N	F	X	T

29 Hands and Legs

Rearrange the letters in each group to make parts of your hands and legs.

1 NEKE	4 ETO	7 MAR
2 BELOW	5 KLEAN	8 GREFIN
3 BUMHT	6 HIGHT	9 REDHOLUS

30 Crossword

Across

3 ____ begins on March 21st.

6 They serve ____ between 1 and 2 p.m.

7 Fresh ____ juice with a drop of gin makes a nice long drink.

8 Please ____ me to carry your bag.

9 Both ____ were out of order and we had to climb the stairs.
11 The part of an iceberg ____ the water is much larger than the part above water.
13 The football team consists of ____ players.
14 He started his speech with an anecdote and ____ it with another one.

Down

1 Are you travelling on business or simply for ____?
2 The tax is ____ in the price of the product.
3 Could you ____ me the way to the zoo?
4 I looked at my watch and ____ that I had no chance of getting there on time.
5 ____ who gave me this beautiful present!
10 We'll have salad first and ____ roast chicken.
12 His pale face suddenly went ____ with anger.

31 Remove Letters

1 Remove two letters from CHAIR to make a vehicle.
2 Remove two letters from STREAM to make another vehicle.
3 Remove two letters from PLANET to make a road.
4 Remove two letters from PARROT to make a fragment.
5 Remove two letters from OCEAN to make a container.

32 Capitals

S	T	H	W	A	R	S	A	W	E
L	N	E	M	O	R	D	A	U	P
E	N	O	I	T	I	E	N	S	A
S	D	K	B	R	I	N	N	O	R
S	G	D	D	S	O	M	E	F	I
U	L	A	O	N	I	D	I	I	S
R	M	O	S	L	O	L	V	A	O
B	N	B	U	D	A	P	E	S	T

Cross out the names of the capitals of the following countries:

Austria	Italy
Belgium	Norway
Bulgaria	Poland
France	Portugal
Hungary	Spain

The remaining letters will make the name of one more country and its capital.

33 Quick Change

1 Change a letter in SORRY to make a road vehicle.
2 Change a letter in HOLD to make an opening.

3 Change a letter in BEAR to make a juicy fruit.
4 Change a letter in LAMP to make a young sheep.
5 Change a letter in TOWER to make something you can find in the bathroom.
6 Change a letter in MOUSE to make a building.
7 Change a letter in FLOOR to make a white powder.

34 Honeycomb

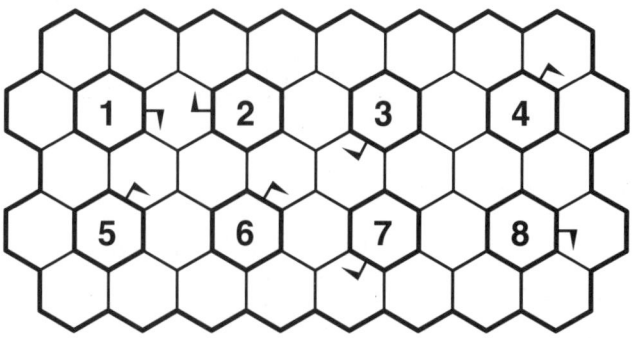

1 They keep pigs and some _____ on their farm.
2 We have got six apple trees and only one _____.
3 Avignon is in the south of _____.
4 This is not a _____ flight to Washington; it goes via Frankfurt.
5 I _____ forgot! There's a message for you.
6 She _____, if ever, leaves the city for the summer.
7 Fasten the seat belt; it's for your own _____.
8 We lost the match. It was a _____ pill to swallow.

35 Crossword

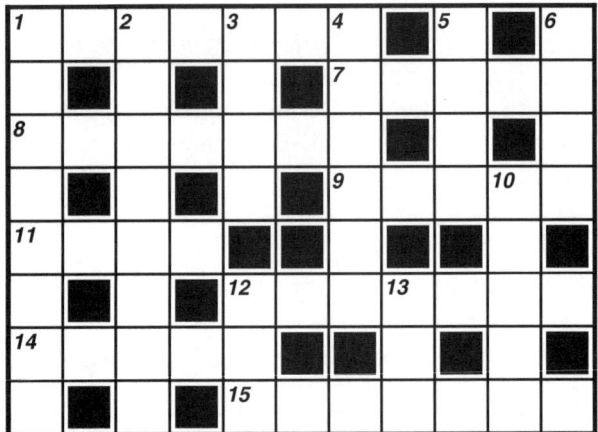

Across

1 _____ newspapers are printed at night.

7 Unfortunately, all the _____ in the hotel were already booked up.

8 If she doesn't agree to help you, ask _____ else.

9 The accident was caused by an _____ in calculations.

11 1812 was a very unlucky year for Napoleon's _____.

12 Even the best of friends may become _____.

14 She is so naive that she believes his _____ word.

15 It is nice to sit by the fire on a long winter's _____.

Down

1 If I'm not ____, your train leaves at 9.30.
2 Elderly people usually ____ things from the
   remote past better than what happened
   yesterday.
3 ____ is harder than copper.
4 The Olympic Games were first held at Olympia
   in ancient ____.
5 Don't forget to lock the front ____.
6 The instructions warn the ____ against all the
   machine's potential dangers.
10 The *Titanic* lies at the bottom of the Atlantic
   ____.
12 She couldn't pass the thread through the ____
   of the needle.
13 Generally, women live longer than ____.

36 Opposites

**Find the missing letters to make pairs of words
that have opposite meanings, for example
BLACK - WHITE.**

1 W __ D __   __ A __ R __ W
2 __ A __ Y   D __ F __ I __ U __ T
3 C __ E __ N   __ I __ T __
4 __ E __ P   S __ A __ L __ W
5 N __ A __   __ I __ T __ N __
6 __ U __ L __ C   P __ I __ A __ E
7 G __ I __ T __   __ N __ O __ E __ T
8 __ I __ P __ E   C __ M __ L __ C __ T __ D

37 Ordinal Numbers

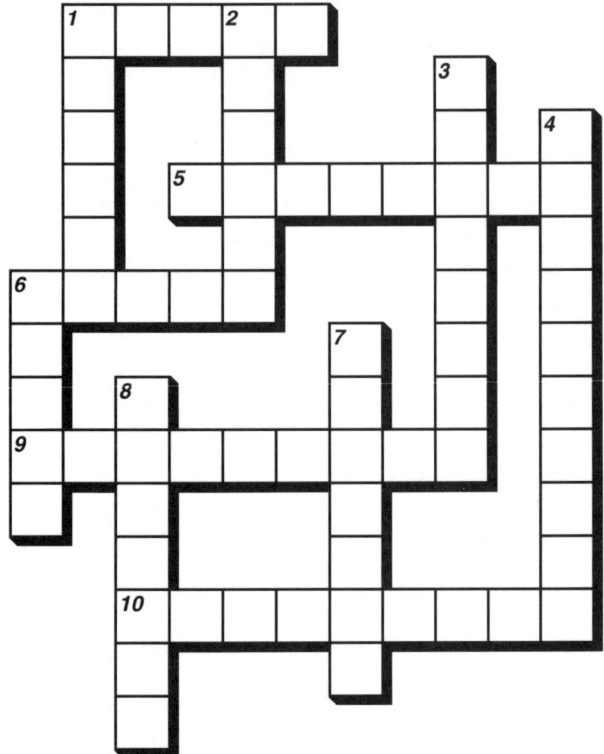

Across

1 George Washington was the ____ president of the USA.
5 Ali Baba was watching the thieves until the door of the den closed behind the ____ one.
6 King Richard the ____ exclaimed, "A horse! A horse! My kingdom for a horse!"

9 My grandfather says that for him television is the greatest invention of the _____ century.

10 It was my grandmother's _____ birthday, and all her children and grandchildren came to see her.

Down

1 On the _____ of July Americans celebrate Independence Day.

2 Poor people buy clothes in _____-hand shops.

3 Ten football players are either forwards, wingers or defenders and the _____ one is the goalkeeper.

4 Superstitious people prefer to stay at home on Friday the _____.

6 A dime is one _____ of a dollar.

7 Of all Shakespeare's comedies, I like _____ *Night* best.

8 Uranus is the _____ planet in the solar system.

38 Make Them Sound the Same

Rearrange the letters in each group to make pairs of words that are pronounced in the same way.

1 RIHE   RIA
2 SENO   SKWON
3 NEGIR   NARI
4 WITA   THEGIW
5 DESI   HIGDES
6 ODULA   LEWALOD

39 True or False

Decide if a sentence is true or false and mark the corresponding letter. The letters will make the solution.

		True	**False**
1	Selfish children usually find it difficult to make friends.	E	W
2	A gossip is a large domestic bird.	O	X
3	Students are supposed to cheat during written exams.	D	C
4	Lemons are sour and raisins are sweet.	E	A
5	An island is a piece of land surrounded by water.	L	D
6	To hang a heavy painting on the wall you should use a safety pin instead of a nail.	U	L
7	Sherlock Holmes is a fictitious character.	E	V
8	Extravagant people spend their money extremely carefully.	G	N
9	When the chief is away the handkerchief takes over his duties.	Y	T

40 British and American English

1	1	2	3	4	●	●	●	●	●	●
2	5	6	7	3	●	●	●	●	●	●
3	5	8	3	9	10	●	●	●	●	●
4	11	7	12	5	13	●	●	●	●	●
5	14	12	15	16	8	10	●	●	●	●
6	11	12	17	4	9	6	●	●	●	●
7	18	8	12	5	4	11	●	●	●	●
8	19	4	7	2	6	9	●	●	●	●
9	20	8	2	1	20	8	3	●	●	●
10	14	2	9	4	16	8	1	13	●	●
11	19	8	3	11	10	21	6	14	4	●
12	18	1	8	14	21	1	2	22	21	11

We have given twelve words in British English. Can you find their equivalents in American English? Each letter is represented by a number.

1 Queue.   7 Tap.
2 Maize.   8 Full stop.
3 Sweets.   9 Postman.
4 Lorry.   10 Pavement.
5 Underground.   11 Tights.
6 Dinner jacket.   12 Torch.

41 Crossword

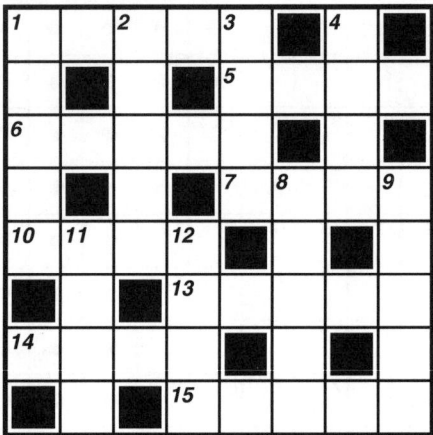

Across

1 I play poker for _____, not for money.

5 Some readers of novels _____ reading all descriptions of nature.

6 Jimmy has _____ two bars of chocolate and now he feels sick.

7 The teacher gave _____ of his students a different task.

10 You have kept me waiting for a _____ time.

13 Why don't you add some chopped _____ to this tomato salad?

14 Alison can ski and she _____ plays tennis quite well.

15 You can't wear jeans for this meeting. You must _____ properly.

Down

1 Can you _____ your name for me, please?
2 It _____ rains in spring.
3 The _____ of her voice sometimes makes me nervous.
4 When he was 7 he wanted to become a _____-jockey.
8 There's hardly anybody still _____ who can remember that battle.
9 Wash your _____ before meals.
11 We must get some more beer. There's _____ one bottle left.
12 Wish me _____ luck!

42 Missing Letters

Fill in the blanks with letters to make seven words reading across. The new letters will make a proverb.

I	N		T		A	D
M		N	T		O	
E	N		L			H
	R		A	T	H	E
C			M	A	T	
S	E	R			C	E
	O	T	H	I	N	

43 Crossword

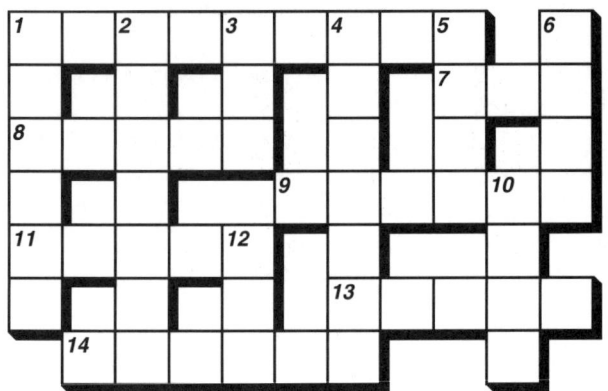

Across

1 Climbing was _____ difficult because of the bad weather conditions.
7 We'll be away for only _____ or two days.
8 GB stands for _____ Britain.
9 MICE is the _____ of MOUSE.
11 What is the _____ of the film you liked so much?
13 Water was found at a _____ of 10 metres.
14 I had only two cards left in my hand: the king of spades and the queen of _____.

Down

1 Jim's grandfather is _____ years old.
2 I'd rather go to the _____ than to the cinema.
3 They were hungry and also had nothing to _____ or drink.

4 I didn't like her make-up because she had put too much blue shadow on her ____.

5 When is ____ birthday?

6 Big Ben is the name of the ____ of the famous clocktower in London.

10 *Othello* is a play in five ____.

12 My sister has a good ____ for music.

44 Comb Puzzle

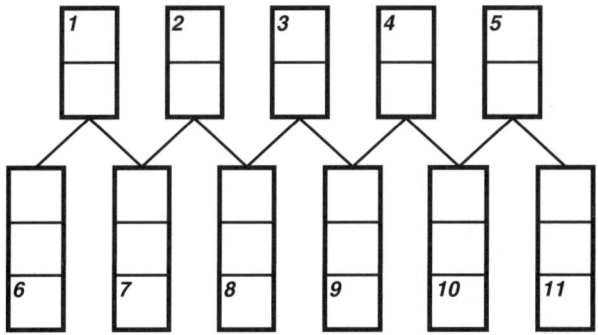

1-6 Use something together with someone else.

1-7 Displayed.

2-7 A king wears it on his head.

2-8 It makes your coffee white.

3-8 It comes out of the kettle when the water is boiling.

3-9 A piece of rock.

4-9 Without other people.

4-10 Change.

5-10 The opposite of SOONER.

5-11 You do it when you watch a comedy.

45 Crossword

Across

1 Don't worry. We'll find a way out _____.
7 The new medicine brought him some _____ from the pain.
8 The Nile is the _____ river on earth.
10 How do you feel when a reporter _____ you personal questions?
13 I love you with all my _____.
15 Is Sally's brother eight or _____ years old?
16 What is the _____ of this experiment?
17 Things are not always what they _____ to be.

Down

1 I'm thinking of _____ my old car and buying a new one.
2 Good _____, Mrs Jones! How are you?
3 Look! There's a _____ in your sock!

  4 She can't read or ____ without her glasses.
  5 It was ____ that they would not come.
  6 He is still so ____ that he can hardly walk.
  9 She went to the ____ to get some food.
11 They say I was born under a lucky ____.
12 My wife has been using the ____ perfume for 20 years.
14 He took the trick with the ____ of spades.

46 Logogriph

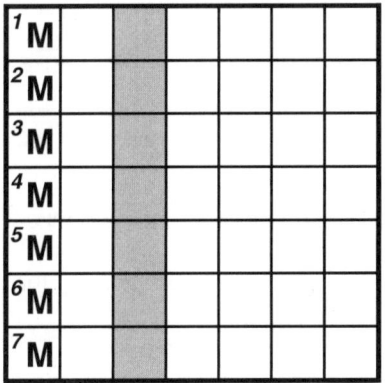

1 People belonging to a party or a club.
2 Unit – of time or weight, for example.
3 The human race.
4 Coal, salt or gold.
5 Gathering of people.
6 Neither single nor divorced.
7 Some people like it on their hot dog.

What is the word in the marked column?

47 Crossword

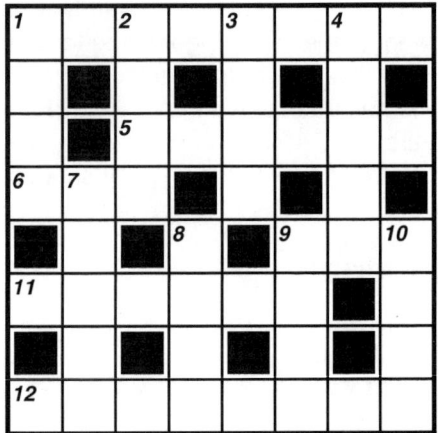

Across

1 _____ is cold and rainy; it is the nastiest month in autumn.
5 Two helicopters were sent to _____ the shipwrecked sailors.
6 Did you _____ you wanted beer?
9 Brian was absent from school for a week because he was _____.
11 Both his mother and his _____ are geography teachers.
12 Some animals have good memories. Elephants, for _____.

Down

1 Have you heard the _____? John and Julia are getting married!

2 Thank you ＿＿ much indeed!

3 The last question in the test was the ＿＿ difficult one.

4 She has cut the cake into ten ＿＿ pieces.

7 Let's sing the song once ＿＿.

8 ＿＿ your eyes and try to sleep.

9 Could you ＿＿ this shirt for me, please? It's all wrinkled.

10 People who ＿＿ in glass houses shouldn't throw stones.

48 Cross It Out

M	U	S	T	I	C	H	E	L	I	A	N
O	B	E	N	A	U	T	I	G	F	U	L
F	E	A	M	S	I	L	T	I	A	R	D
D	I	F	A	F	E	Y	R	E	N	T	H
F	A	U	R	N	I	S	T	A	U	R	E
H	O	N	S	P	E	N	I	T	A	D	L

Cross out the words from the rows of the grid. The remaining letters will make a proverb.

1 Andreas Vollenweider or Miles Davis.

2 More than pretty.

3 Not new or unknown.

4 Not the same.

5 Chairs, tables, beds, etc.

6 A place with many patients.

49 Crossword

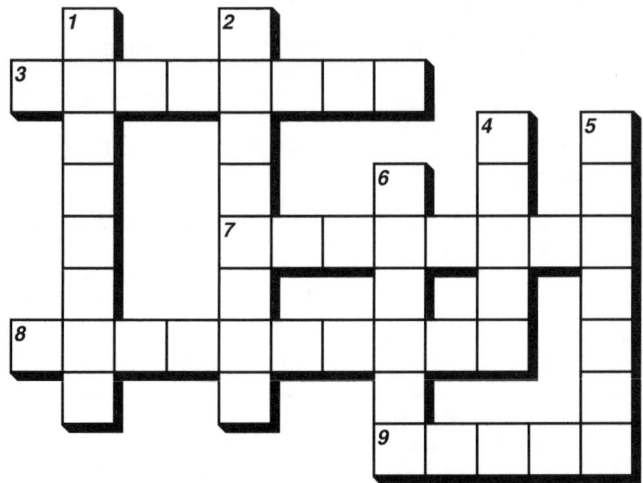

Each answer consists of at least two words.

Across

3 Gain control (4, 4).
7 Begin suddenly; for example, fire (5, 3).
8 Look after (4, 4, 2).
9 Get dressed in (3, 2).

Down

1 Remove (4, 4).
2 Return (4, 4).
4 Explode (2, 3).
5 Take a seat (3, 4).
6 Invent – a story, for example (4, 2).

50 Dominoes

Arrange the dominoes into an unbroken chain
to make ten words.

| smith | no |

| yard | tip |

| point | break |

| ship | lock |

| self | steam |

| down | step |

| ever | farm |

| thing | who |

| mother | your |

| toe | view |

Part Three

51 Crossword

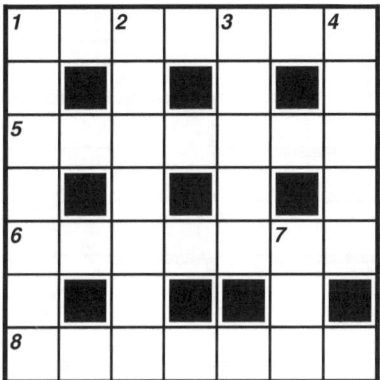

Across

1 The Minister of ____ Affairs greeted the visitor at the airport.
5 ____ coffee will be the quickest to make.
6 The old tools were completely ____ and so we had to buy some new ones.
8 Her ____ nervousness makes her hands shake and sweat all the time.

Down

1 The team's ____ was due to lack of training.
2 We must all show ____ for the law.
3 Betty stared at her own ____ in the mirror.
4 The secretary was asked to make ____ of what the members of the committee said.
7 The ____ of £1500 has been transferred to my bank account.

52 Conjunctions

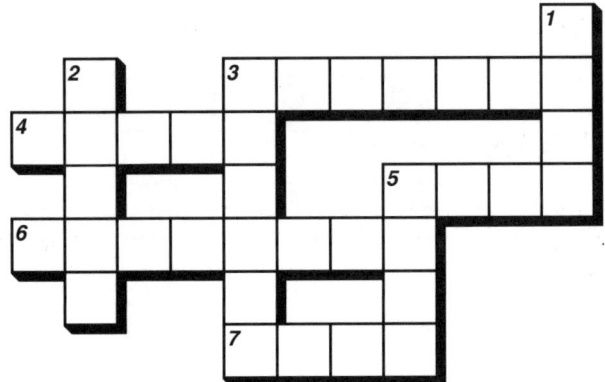

Across

3 I couldn't get into the house _____ I had lost the keys.

4 The trouble was that we had no idea _____ he lived.

5 Have you decided _____ animal you'd like as a pet?

6 _____ it's hard to believe, Jim has passed the exam!

7 _____ if you hated the present, you shouldn't have said that.

Down

1 She went away quickly _____ she should be seen crying.

2 Mary was washing up _____ Susan was cleaning the carpets.

3 The doctor left ____ I had a chance to speak to him.

5 Go away! ____ I'm ready, I'll let you know.

53 True or False

Decide if a sentence is true or false and mark the corresponding letter. The letters will make the solution.

		True	False
1	Blunt scissors cut more accurately than sharp ones.	C	B
2	Coughing may be a symptom of a cold.	R	G
3	It is risky to employ a reliable worker.	F	I
4	Rehearsals follow public performances.	K	L
5	Recipes help inexperienced cooks.	L	O
6	When you see a *sleeping policeman* you drive faster.	P	I
7	Doctors prescribe medicines.	A	V
8	In most countries laughter is illegal.	E	N
9	People use swivel chairs on the beach.	W	T

54 Organs of Your Body

Rearrange the letters in each group to make six organs of your body.

1 RIBAN
2 SLUNG
3 IRVEL

4 THREA
5 COMTASH
6 SINDKEY

55 Materials

What are these things made of?

1 A copybook.
2 A wedding ring.
3 A windowpane.
4 A kimono.
5 A wallet.
6 A horseshoe.
7 A thick wall.

What is the word in the marked column?

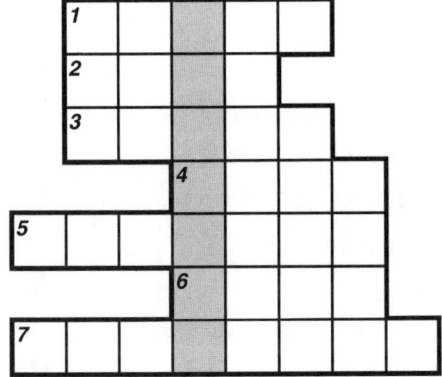

56 Abbreviations

Write the words in full.

Across	Down
3 pp.	**1** St
5 Bros.	**2** Sgt
6 Co.	**4** c/o

57 Musical Instruments

Fill in the blanks to make the names of eight musical instruments.

1 H __ __ P   **5** C __ L L __

2 F __ U __ E   **6** __ I __ L __ N

3 __ R G __ N   **7** G __ I __ A __

4 P __ A __ O   **8** __ R __ M __ __ T

58 **Honeycomb**

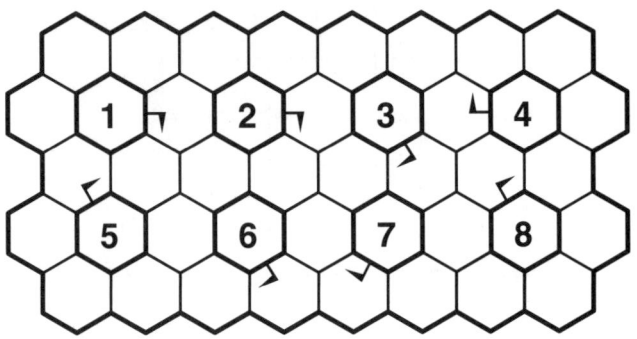

1 What a _____ little hat you've got!
2 While on a tour, you must always _____ the guide.
3 Don't even try to _____ his rude behaviour!
4 He keeps all the documents in his desk _____.
5 The radio is much too loud. Turn the _____ down, please.
6 She fell asleep the moment her head touched the _____.
7 Of all Scandinavian countries, I have only visited _____.
8 Nobody will buy their products unless they _____ the prices.

59 **Add a Letter**

1 Add a letter to MEAL to make silver.
2 Add a letter to BACK to make a colour.
3 Add a letter to CASE to make a reason.
4 Add a letter to DIVER to make a job.

5 Add a letter to PLACE to make a building.
6 Add a letter to CONTACT to make a document.

60 Trees

Can you rearrange the letters in each of the following groups to make eight trees?

1 HAS
2 AMPLE
3 EPNI
4 HECEB

5 LOWLIW
6 RIF
7 PAPROL
8 CIBRH

61 Find the Vowels

Find the vowels (A, E, I, O, U) and complete the crossword.

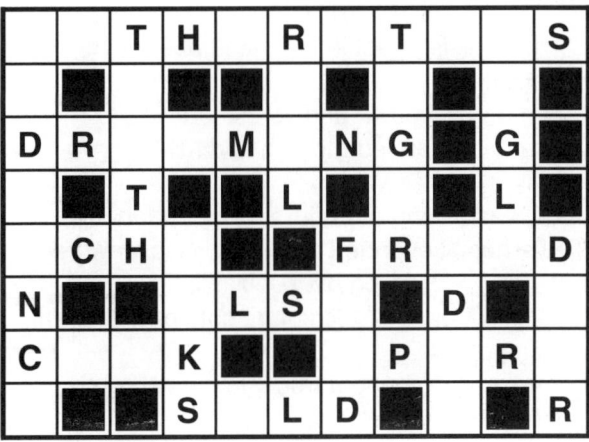

62 What's the Proverb?

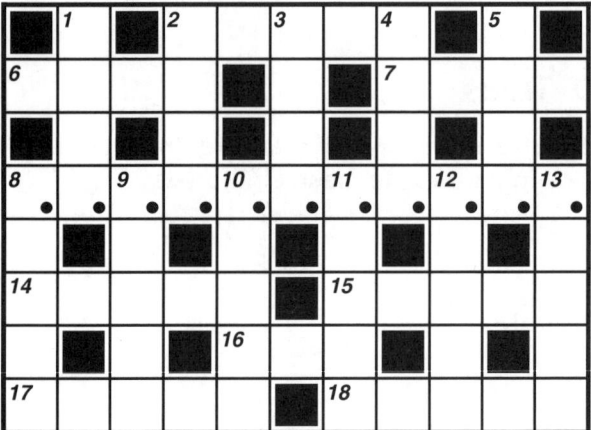

The letters in the marked row will make a proverb.

Across

2 The desk is 2 feet in ____ and about 4 feet in length.
6 The boy fell down and scratched his ____.
7 The thief grabbed the bag and ran ____.
8 ?
14 He was driving at about 70 ____ per hour.
15 She hasn't changed a bit ____ I last saw her.
16 It's no ____ crying over spilt milk.
17 ____ shoes are much more comfortable than those ones.
18 If he ____ to bring a frog into my bedroom again, I'll beat him up.

Down

1 I couldn't _____ the buttons of the coat with my gloves on.
2 The results of the test _____ quite satisfactory.
3 I do the shopping and she _____ the cooking.
4 Is that building over there the Town _____?
5 Ironically, it started to _____ just as I had finished watering the garden.
8 You mustn't exceed the speed _____!
9 A painting of great _____ has been stolen from the gallery.
10 The article you're looking for is in the Friday _____ of *The Times*.
11 A film _____ on a novel is almost never as good as the book itself.
12 The outer circle on the target board was black and the _____ circle was red.
13 I think I'll wear a long evening _____ for the party.

63 Opposites

Find the missing letters to make pairs of words that have opposite meanings.

1 L __ V __   __ A __ E
2 __ L __ O __   F __ R __ I __
3 A __ S __ N __   __ R __ S __ N __
4 __ R __ I __ A __ D __ P __ R __ U __ E
5 N __ I __ E   __ I __ E __ C __
6 __ O __ G __ T   R __ M __ M __ E __

64 Forwards and Backwards

1	2	3	4	5	6	7	8	9	10	11
26	27	28	29	30	31	32	33	34	35	12
25	44	43	42	41	40	39	38	37	36	13
24	23	22	21	20	19	18	17	16	15	14

Forwards

- **1-3** A dog, a hamster or a canary.
- **4-8** Personnel.
- **9-12** Shortage.
- **13-16** The opposite of HOT.
- **17-20** Finished (a job, for instance).
- **21-25** Strength or energy.
- **26-30** Charm and elegance.
- **31-35** Not at 2 o'clock but at 5.
- **36-39** Not new.
- **40-44** A command.

Backwards

- **44-42** The colour of blood.
- **41-38** The past form of RIDE.
- **37-34** Certain.
- **33-30** A story.
- **29-27** A vehicle.
- **26-23** The past form of GROW.
- **22-19** The opposite of CLOSE.
- **18-16** Strange, unusual.
- **15-12** You put a key into it.

11-8 The animal veal comes from.
7-5 Oil or butter.
4-1 Movement of feet in dancing.

65 Look at It!

Each answer consists of two words.

Across

2 Be careful (4, 3).
3 Resemble (4, 4).
4 Take care of (4, 5).

Down

1 Investigate (4, 4).
2 Try to find (4, 3).

66 Crossword

Across

1 He always _____ in getting what he wants.
6 People _____ to think that the Earth was flat.
7 Henry the _____ had six wives.
9 The sculpture was displayed in the main hall for everybody to _____.
11 The _____ for the new monument was copied from an old book.
14 It is nice to be with the family _____ Christmas.
16 Unoccupied.
17 You should be _____ of yourself!

20 Authentic.

22 My grandmother is very ____ at sewing.

23 She always keeps her room clean and ____.

Down

1 It's a pity you had to ____ the whole weekend at home.

2 Keeping wild animals in ____ is cruel.

3 What did you ____ for supper?

4 A season of the year.

5 *The* ____ *Hunter* is Robert de Niro's best film, I think.

8 I prefer a firm ____ to hugs and kisses.

10 They want scrambled ____ for breakfast.

12 Don't shout into my ____! I can hear you very well.

13 Perfect.

15 Frozen water.

16 It was love at ____ sight.

18 Do you think that if you smoke ____ cigarettes instead of strong ones you're not putting your health in danger?

19 Some young people don't realize how easy it is to become a ____ addict.

21 A dictionary is a useful ____ in learning a foreign language.

67 Hidden Words

1 Find a vehicle in ADVANCE.

2 Find a weapon in CROSSWORD.

3 Find a part of a play in REACTION.
4 Find painting in APARTMENT.
5 Find a metal in DISTINGUISHED.
6 Find an animal in CONGRATULATE.
7 Find another animal in ADVANTAGE.
8 Find a relative in PERSONALITY.
9 Find a grey powder in FASHIONABLE.

68 Crossword

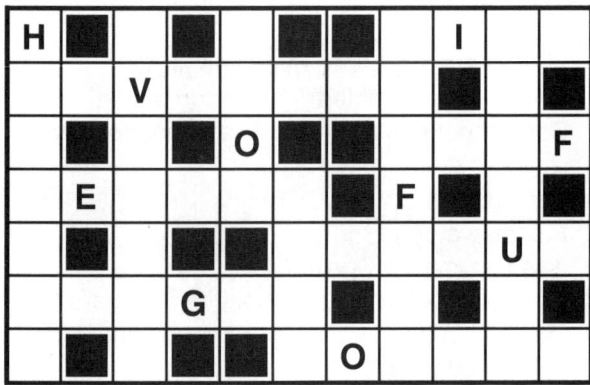

The clues have been given in a random order.

- In good physical condition.
- Manufacture.
- You put a letter into it.
- A broad street.
- Hurt.
- It is used for smoking tobacco.
- A narrow opening (for inserting a coin).
- It's on top of a building.

- Excellent, ideal.
- A parent.
- The distance from one end to the other.
- A great need for food.
- It comes between afternoon and night.

69 Comb Puzzle

1-6 A fly, a mosquito or a bee.

1-7 The opposite of OUTSIDE.

2-7 Next to.

2-8 Trust or faith.

3-8 The feeling of comfort when the pain is gone.

3-9 Effect.

4-9 Offend.

4-10 Have a plan to do something.

5-10 Go to (school or church, for example).

5-11 The opposite of DEFEND.

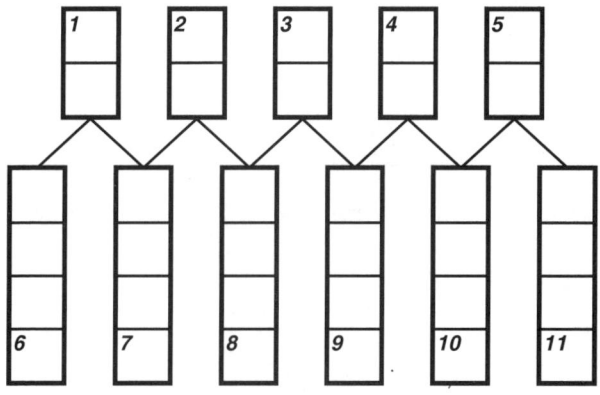

70 Logograph

¹D						
²D						
³D						
⁴D						
⁵D						
⁶D						

1 Suffragettes ____ the vote for women.
2 The legal ____ concerning the estate was lost in the fire.
3 Boxing Day is on ____ 26th unless it's a Sunday.
4 A little baby's skin is as ____ as silk.
5 Elizabeth I was the ____ of Anne Boleyn.
6 The company has guaranteed prompt ____ of goods.

What is the word in the marked column?

71 Join the Halves

Can you connect the beginning of each word (in the left-hand column) with its end (in the right-hand one)?

1	BUIL	**a**	ARCH
2	CIRC	**b**	LINE

3 DISC	**c** ABLE
4 HEAD	**d** IVER
5 PRES	**e** ULAR
6 PROD	**f** DING
7 RECE	**g** OVER
8 RESE	**h** UCER
9 SYLL	**i** SURE

72 Abbreviations

Write the words in full.

Across	**Down**
1 sq	**1** S
5 Lt.	**2** Rd
7 Eng.	**3** Ltd.
8 Dept	**4** Sta
	6 y

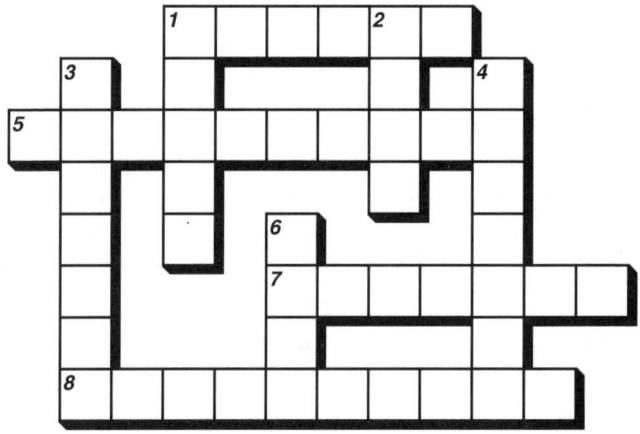

73 Professions

Find fourteen professions hidden in the grid.

J	N	A	M	E	C	I	L	O	P	T
C	O	E	N	G	I	N	E	E	R	C
N	O	U	R	O	T	C	O	D	A	N
V	A	O	R	X	Z	K	Y	R	L	A
S	R	I	K	N	R	E	P	F	A	I
A	E	Q	C	E	A	E	M	E	W	R
I	I	B	L	I	N	L	S	D	Y	O
L	D	C	N	T	S	R	I	H	E	T
O	L	Z	E	G	U	U	E	S	R	S
R	O	R	V	N	M	J	M	S	T	I
U	S	T	E	A	C	H	E	R	N	H

74 Make Them Sound the Same

Rearrange the letters in each group to make pairs of words that are pronounced in the same way.

1 LEDI   OLID
2 EPUSA   SPAW
3 RANE   NUR
4 DEPAC   SPETA

5 METI   HYTME
6 WERCS   SURICE
7 ROCE   SPROC
8 LECONOL   NERLEK

75 British and American English

We have given nine words in American English. Can you find their equivalents in British English?

Across

2 Trunk (in a car).
4 French fries.
7 Apartment.
8 Baby carriage.
9 Railroad.

Down

1 Expressway.
3 Streetcar.
5 Vacation.
6 Gas.

76 Words Often Confused

Choose the right answer and mark the corresponding letter. The letters will make the solution.

1 He _____ complains about everything!

continually **R**

continuously **B**

2 The prices seem to _____ every year.

raise **R**

rise **I**

3 How can you _____ on the couch all
day long?

lay **E**

lie **G**

4 Our father was a man of high _____.

principal **N**

principle **H**

5 The man was _____ for murder.

persecuted **A**

prosecuted **T**

6 His speech _____ the general debate.

preceded **C**

proceeded **Y**

7 She wrote a letter on the hotel _____.

stationery **H**

stationary **U**

8 Some people _____ to new places quickly.

adopt **V**

adapt **O**

9 They have invited everyone ____ Henry.

except **I**

accept **S**

10 These machines are much more ____
than the old ones.

efficient **C**

sufficient **M**

11 Jane's former employer confirmed
that she was a ____ worker.

conscious **G**

conscientious **E**

77 Find the Vowels

Find the vowels (A, E, I, O, U) and complete the crossword.

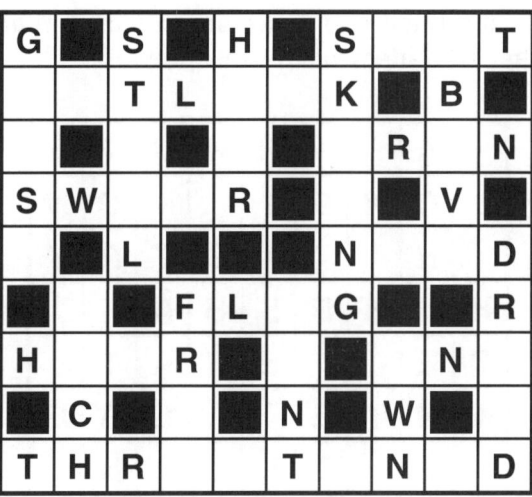

78 Birds

Fill in the blanks to make ten birds.

1 O __ L
2 P __ G __ O __
3 S __ A __ L __ W
4 P __ E __ S __ N __
5 W __ O __ P __ C __ E __
6 E __ G __ E
7 C __ C __ O __
8 S __ A __ R __ W
9 B __ A __ K __ I __ D
10 N __ G __ T __ N __ A __ E

79 Missing Letters

Fill in the blanks to make seven words reading across. The letters will make a proverb.

	A				C	H	U	T	E
	O	N	D	I				O	N
	H				I	S	T	R	Y
H		N	D	S	H	A			
D	E				E	R	A	T	
I	N	T	E				E	R	E
	X		E	L	L	E	N		

80 Dominoes

Arrange the dominoes into an unbroken chain to make ten words.

done	harm

hood	il

✂

legal	avoid

ful	dis

sane	child

ish	in

iron	pain

able	un

obey	grey

less	non-

Answers
&
Vocabulary

Answers

Part One

1 **Crossword.** *Across:* 5 yesterday, 6 come, 7 date, 8 egg,
9 left, 10 earn. *Down:* 1 before, 2 street, 3 fridge, 4 waiter.

2 **Crossword.** *Across:* 1 employers, 7 rings, 8 used, 10 Sir,
11 intonation, 13 here, 14 party. *Down:* 2 minister,
3 lessons, 4 your, 5 sad, 6 British, 9 effort, 12 tea.

3 **Comb Puzzle.** 1-6 bread, 1-7 bring, 2-7 thing, 2-8 three,
3-8 agree, 3-9 again, 4-9 Spain, 4-10 sport, 5-10 short,
5-11 shake.

4 **Quick Change.** 1 four, 2 eight, 3 hair, 4 honey, 5 May.

5 **Crossword.** *Across:* 1 score, 4 bad, 6 all, 7 first, 9 use,
10 be, 12 my, 14 ago, 15 agree, 16 son, 17 hot, 18 years.
Down: 2 coin, 3 eat, 4 blue, 5 does, 8 shy, 10 big, 11 cash,
12 most, 13 bear, 15 any.

6 **Crossword.** *Across:* 1 sharp, 5 move, 7 age, 8 Ireland,
9 easy, 10 eat, 11 nearly, 13 into, 14 seven, 15 ever,
16 girl. *Down:* 1 science, 2 average, 3 pearls, 4 made,
5 meeting, 6 visitor, 12 yet.

7 **Word Spiral.** 1-2 breakfast, 2-3 thousand, 3-4 daughter,
4-5 rain, 5-6 newspaper, 6-7 really, 7-8 year, 8-9 rich.

8 **Prepositions.** *Across:* 2 over, 4 at, 5 till, 7 below, 8 since,
9 with, 10 before, 12 around. *Down:* 1 beside, 2 out,
3 through, 4 along, 6 inside, 7 between, 11 for.

9 **Logogriph.** 1 address, 2 brought, 3 chapter, 4 despite,
5 express, 6 fingers. *Down:* stress.

10 **Past Simple.** *Across:* 3 thought, 5 led, 7 left, 9 sat, 10 shut,
11 fell, 12 dealt. *Down:* 1 chose, 2 built, 4 hid, 6 stole,
7 lost, 8 found, 9 spent.

11 **Proverb in Code.** Better late than never (1 heart, 2 enter,
3 table, 4 level).

12 **Words Often Confused.** Well done (1 price, 2 advice,
3 borrow, 4 teach, 5 quiet, 6 good, 7 fewer, 8 bad).

13 **Add a Letter.** 1 monkey, 2 flight, 3 waiter, 4 train.

14 **In the Family.** Wife, aunt, niece, mother, father, nephew,
sister, brother, husband, daughter, grandson.

15 **Crossword.** *Across:* 1 come, 6 petrol, 7 *Long*, 8 remain,
10 have, 12 stay, 14 at, 16 some, 17 row, 19 look, 21 fun,
22 hungry, 23 ten. *Down:* 1 cold, 2 manual, 3 here, 4 area,
5 plenty, 8 recover, 9 myself, 11 March, 13 alone, 15 to,
18 win, 20 out.

16 **Remove Letters.** 1 bus, 2 blue, 3 beer, 4 sport.

17 **Plurals.** *Across:* 2 geese, 6 these, 8 fish, 10 deer, 11 crises, 12 stories. *Down:* 1 teeth, 3 sheep, 4 children, 5 series, 7 berries, 9 feet.

18 **Logogriph.** 1 cowboy, 2 clouds, 3 camera, 4 chance, 5 centre. *Down:* woman.

19 **Past Participles.** *Across:* 1 shot, 6 broadcast, 7 gone, 8 sent, 11 mistaken, 14 won, 15 written. *Down:* 2 hit, 3 taken, 4 caught, 5 made, 6 become, 9 eaten, 10 known, 12 sworn, 13 kept.

20 **Clothes.** Blouse, dress, jacket, pullover, shirt, skirt, socks, stockings, suit, trousers.

21 **One Word Will Do.** Waistcoat, overcoat, raincoat; eyewitness, eyelashes, eyesight; noticeboard, blackboard, sideboard, cupboard; workshop, workbook, workman, workday; legroom, cloakroom, ballroom, bathroom, bedroom; hairdresser, hairdryer, hairbrush, haircut; policeman, chairman, walkman, postman, fireman, manservant, manhood, mankind; moonlight, flashlight, spotlight, lightship, lighthouse, lightweight.

22 **Proverb in Code.** Look before you leap (1 break, 2 early, 3 flour, 4 paper).

23 **Make Them Sound the Same.** 1 one - won, 2 rode - road, 3 there - their, 4 bored - board, 5 waist - waste, 6 write - right, 7 due - dew.

24 **Colours.** Blue, black, brown, green, white, orange, yellow.

25 **Dominoes.** Hairstyle, birthday, striptease, suntan, pullover, headache, everywhere, something, doorbell, toothpaste.

Part Two

26 **Crossword.** *Across:* 1 pronounce, 6 nod, 7 shoe, 8 obey, 9 tin, 10 tray, 11 East. *Down:* 2 rather, 3 ninety, 4 undone, 5 cheers.

27 **Crossword.** *Across:* 1 Paris, 5 ever, 6 exact, 7 salt, 10 says, 13 later, 14 also, 15 worse. *Down:* 1 press, 2 ready, 3 sets, 4 bell, 8 actor, 9 three, 11 able, 12 slow.

28 **Animals.** Bear, camel, crocodile, elephant, kangaroo, lion, monkey, parrot, penguin, shark, turtle, whale.

29 **Hands and Legs.** 1 knee, 2 elbow, 3 thumb, 4 toe, 5 ankle, 6 thigh, 7 arm, 8 finger, 9 shoulder.

30 **Crossword.** *Across:* 3 spring, 6 lunch, 7 orange, 8 allow, 9 lifts, 11 under, 13 eleven, 14 ended. *Down:* 1 pleasure, 2 included, 3 show, 4 realized, 5 guess, 10 then, 12 red.

31 **Remove Letters.** 1 car, 2 tram, 3 lane, 4 part, 5 can.

32 **Capitals.** The United Kingdom, London (Vienna, Brussels, Sofia, Paris, Budapest, Rome, Oslo, Warsaw, Lisbon, Madrid).

33 **Quick Change.** 1 lorry, 2 hole, 3 pear, 4 lamb, 5 towel,
6 house, 7 flour.

34 **Honeycomb.** 1 cattle, 2 cherry, 3 France, 4 direct, 5 almost,
6 rarely, 7 safety, 8 bitter.

35 **Crossword.** *Across:* 1 morning, 7 rooms, 8 someone,
9 error, 11 army, 12 enemies, 14 every, 15 evening.
Down: 1 mistaken, 2 remember, 3 iron, 4 Greece, 5 door,
6 user, 10 Ocean, 12 eye, 13 men.

36 **Opposites.** 1 wide - narrow, 2 easy - difficult, 3 clean - dirty,
4 deep - shallow, 5 near - distant, 6 public - private,
7 guilty - innocent, 8 simple - complicated.

37 **Ordinal Numbers.** *Across:* 1 first, 5 fortieth, 6 Third,
9 twentieth, 10 ninetieth. *Down:* 1 fourth, 2 second,
3 eleventh, 4 thirteenth, 6 tenth, 7 *Twelfth*, 8 seventh.

38 **Make Them Sound the Same.** 1 heir - air, 2 nose - knows,
3 reign - rain, 4 wait - weight, 5 side - sighed,
6 aloud - allowed.

39 **True or False.** Excellent.

40 **British and American English.** 1 line, 2 corn, 3 candy,
4 truck, 5 subway, 6 tuxedo, 7 faucet, 8 period, 9 mailman,
10 sidewalk, 11 pantyhose, 12 flashlight.

41 **Crossword.** *Across:* 1 sport, 5 omit, 6 eaten, 7 each,
10 long, 13 onion, 14 also, 15 dress. *Down:* 1 spell,
2 often, 3 tone, 4 disc, 8 alive, 9 hands, 11 only, 12 good.

42 **Missing Letters.** Seeing is believing (instead, mention,
English, breathe, climate, service, nothing).

43 **Crossword.** *Across:* 1 extremely, 7 one, 8 Great, 9 plural,
11 title, 13 depth, 14 hearts. *Down:* 1 eighty, 2 theatre,
3 eat, 4 eyelids, 5 your, 6 bell, 10 acts, 12 ear.

44 **Comb Puzzle.** 1-6 share, 1-7 shown, 2-7 crown, 2-8 cream,
3-8 steam, 3-9 stone, 4-9 alone, 4-10 alter, 5-10 later,
5-11 laugh.

45 **Crossword.** *Across:* 1 somehow, 7 relief, 8 longest, 10 asks,
13 heart, 15 nine, 16 aim, 17 appear. *Down:* 1 selling,
2 morning, 3 hole, 4 write, 5 clear, 6 weak, 9 shop, 11 star,
12 same, 14 ace.

46 **Logogriph.** *Across:* 1 members, 2 measure, 3 mankind,
4 mineral, 5 meeting, 6 married, 7 mustard.
Down: manners.

47 **Crossword.** *Across:* 1 November, 5 rescue, 6 say, 9 ill,
11 father, 12 instance. *Down:* 1 news, 2 very, 3 most,
4 equal, 7 again, 8 shut, 9 iron, 10 live.

48 **Cross It Out.** The longest day has an end (1 musician,
2 beautiful, 3 familiar, 4 different, 5 furniture, 6 hospital).

49 **Crossword.** *Across:* 3 take over, 7 break out, 8 take care of,
9 put on. *Down:* 1 take away, 2 come back, 4 go off,
5 sit down, 6 make up.

50 **Dominoes.** Yourself, steamship, locksmith, nothing, whoever, farmyard, tiptoe, viewpoint, breakdown, stepmother.

Part Three

51 **Crossword.** *Across:* 1 Foreign, 5 Instant, 6 useless, 8 extreme. *Down:* 1 failure, 2 respect, 3 image, 4 notes, 7 sum.

52 **Conjunctions.** *Across:* 3 because, 4 where, 5 what, 6 Although, 7 Even. *Down:* 1 lest, 2 while, 3 before, 5 when.

53 **True or False.** Brilliant.

54 **Organs of Your Body.** 1 brain, 2 lungs, 3 liver, 4 heart, 5 stomach, 6 kidneys.

55 **Materials.** 1 paper, 2 gold, 3 glass, 4 silk, 5 leather, 6 iron, 7 concrete. *Down:* plastic.

56 **Abbreviations.** *Across:* 3 pages, 5 Brothers, 6 Company. *Down:* 1 Saint, 2 Sergeant, 4 care of.

57 **Musical Instruments.** 1 harp, 2 flute, 3 organ, 4 piano, 5 cello, 6 violin, 7 guitar, 8 trumpet.

58 **Honeycomb.** 1 lovely, 2 follow, 3 defend, 4 drawer, 5 volume, 6 pillow, 7 Sweden, 8 reduce.

59 **Add a Letter.** 1 metal, 2 black, 3 cause, 4 driver, 5 palace, 6 contract.

60 **Trees.** 1 ash, 2 maple, 3 pine, 4 beech, 5 willow, 6 fir, 7 poplar, 8 birch.

61 **Find the Vowels.** *Across:* authorities, dreaming, echo, fried, also, cook, opera, sold. *Down:* audience, teeth, oaks, rail, food, tiger, idea, eagle, dear.

62 **What's the Proverb?** *Across:* 2 width, 6 knee, 7 away, 14 miles, 15 since, 16 use, 17 These, 18 dares. *Down:* 1 undo, 2 were, 3 does, 4 Hall, 5 rain, 8 limit, 9 value, 10 issue, 11 based, 12 inner, 13 dress. *The proverb:* Love is blind.

63 **Opposites.** 1 love - hate, 2 allow - forbid, 3 absent - present, 4 arrival - departure, 5 noise - silence, 6 forget - remember.

64 **Forwards and Backwards.** *Forwards:* 1-3 pet, 4-8 staff, 9-12 lack, 13-16 cold, 17-20 done, 21-25 power, 26-30 grace, 31-35 later, 36-39 used, 40-44 order. *Backwards:* 44-42 red, 41-38 rode, 37-34 sure, 33-30 tale, 29-27 car, 26-23 grew, 22-19 open, 18-16 odd, 15-12 lock, 11-8 calf, 7-5 fat, 4-1 step.

65 **Look at It!** *Across:* 2 look out, 3 look like, 4 look after. *Down:* 1 look into, 2 look for.

66 **Crossword.** *Across:* 1 succeeds, 6 used, 7 Eighth, 9 admire, 11 design, 14 during, 16 free, 17 ashamed, 20 real, 22 skilful, 23 tidy. *Down:* 1 spend, 2 cages, 3 eat,

4 summer, 5 *Deer*, 8 handshake, 10 eggs, 12 ear, 13 ideal, 15 ice, 16 first, 18 mild, 19 drug, 21 aid.

67 Hidden Words. 1 van, 2 sword, 3 act, 4 art, 5 tin, 6 rat, 7 ant, 8 son, 9 ash.

68 Crossword. *Across:* pipe, envelope, roof, length, avenue, hunger, mother. *Down:* healthy, evening, slot, harm, perfect, produce.

69 Comb Puzzle. 1-6 insect, 1-7 inside, 2-7 beside, 2-8 belief, 3-8 relief, 3-9 result, 4-9 insult, 4-10 intend, 5-10 attend, 5-11 attack.

70 Logogriph. 1 demanded, 2 document, 3 December, 4 delicate, 5 daughter, 6 delivery. *Down:* debate.

71 Join the Halves. 1-f building, 2-e circular, 3-g discover, 4-b headline, 5-i pressure, 6-h producer, 7-d receiver, 8-a research, 9-c syllable.

72 Abbrevations. *Across:* 1 square, 5 Lieutenant, 7 English, 8 Department. *Down:* 1 South, 2 Road, 3 Limited, 4 Station, 6 year.

73 Professions. Carpenter, clerk, cook, doctor, engineer, historian, journalist, lawyer, musician, nurse, policeman, sailor, soldier, teacher.

74 Make Them Sound the Same. 1 idle - idol, 2 pause - paws, 3 earn - urn, 4 paced - paste, 5 time - thyme, 6 crews - cruise, 7 core - corps, 8 colonel - kernel.

75 British and American English. *Across:* 2 boot, 4 chips, 7 flat, 8 pram, 9 railway. *Down:* 1 motorway, 3 tram, 5 holiday, 6 petrol.

76 Words Often Confused. Right choice (1 continually, 2 rise, 3 lie, 4 principle, 5 prosecuted, 6 preceded, 7 stationery, 8 adapt, 9 except, 10 efficient, 11 conscientious).

77 Find the Vowels. *Across:* seat, outlook, iron, swear, need, flag, hair, one, threatened. *Down:* goose, each, steel, free, hour, aunt, skiing, own, above, dread.

78 Birds. 1 owl, 2 pigeon, 3 swallow, 4 pheasant, 5 woodpecker, 6 eagle, 7 cuckoo, 8 sparrow, 9 blackbird, 10 nightingale.

79 Missing Letters. Practice makes perfect (parachute, condition, chemistry, handshake, desperate, interfere, excellent).

80 Dominoes. Harmless, non-iron, painful, disobey, greyish, insane, childhood, illegal, avoidable, undone.

Lautschriftzeichen

/ɪ/	wie in **sit** /sɪt/	/k/	wie in **cat** /kæt/
/e/	wie in **get** /get/	/g/	wie in **go** /gəʊ/
/æ/	wie in **bad** /bæd/	/tʃ/	wie in **chair** /tʃeə/
/ɒ/	wie in **shop** /ʃɒp/	/dʒ/	wie in **bridge** /brɪdʒ/
/ʌ/	wie in **cup** /kʌp/	/f/	wie in **fat** /fæt/
/ʊ/	wie in **book** /bʊk/	/v/	wie in **van** /væn/
/iː/	wie in **see** /siː/	/θ/	wie in **thin** /θɪn/
/eɪ/	wie in **say** /seɪ/	/ð/	wie in **this** /ðɪs/
/aɪ/	wie in **my** /maɪ/	/s/	wie in **set** /set/
/ɔɪ/	wie in **boy** /bɔɪ/	/z/	wie in **zoo** /zuː/
/uː/	wie in **blue** /bluː/	/ʃ/	wie in **ship** /ʃɪp/
/əʊ/	wie in **show** /ʃəʊ/	/ʒ/	wie in **pleasure** /ˈpleʒə/
/aʊ/	wie in **now** /naʊ/	/h/	wie in **high** /haɪ/
/ɪə/	wie in **here** /hɪə/	/m/	wie in **meet** /miːt/
/eə/	wie in **hair** /heə/	/n/	wie in **nice** /naɪs/
/ɑː/	wie in **hard** /hɑːd/	/ŋ/	wie in **sing** /sɪŋ/
/ɔː/	wie in **talk** /tɔːk/	/l/	wie in **leg** /leg/
/ʊə/	wie in **poor** /pʊə/	/r/	wie in **ring** /rɪŋ/
/ɜː/	wie in **work** /wɜːk/	/j/	wie in **you** /juː/
/ə/	wie in **about** /əˈbaʊt/	/w/	wie in **what** /wɒt/
/p/	wie in **pen** /pen/	/ˈ/	Hauptakzent /ɪnˈvaɪt/
/b/	wie in **back** /bæk/	/ˌ/	Nebenakzent /ˌkæŋgəˈruː/
/t/	wie in **tea** /tiː/	/ː/	bezeichnet einen langen
/d/	wie in **day** /deɪ/		Vokal

Vocabulary
English-German

A

abbreviation /əˌbriːviˈeɪʃn/	-	Abkürzung
absent /ˈæbsənt/	-	abwesend
accept /əkˈsept/	-	annehmen
accident /ˈæksɪdənt/	-	Unfall
account /əˈkaʊnt/	-	Konto
accurately /ˈækjərətlɪ/	-	genau
ace /eɪs/	-	As
ache /eɪk/	-	Schmerz
adapt /əˈdæpt/	-	(sich) anpassen
add /æd/	-	hinzufügen
addict /ˈædɪkt/	-	Süchtige(r)
address /əˈdres/	-	Adresse
admire /ədˈmaɪə/	-	bewundern
adopt /əˈdɒpt/	-	adoptieren
advance /ədˈvɑːns/	-	Fortschritte machen; vorrücken
advantage /ədˈvɑːntɪdʒ/	-	Vorteil
advice /ədˈvaɪs/**: a piece of advice**	-	Ratschlag
advise /ədˈvaɪz/	-	beraten
age /eɪdʒ/	-	Alter
agree /əˈgriː/	-	sich einverstanden erklären; übereinstimmen
agreement /əˈgriːmənt/	-	Zustimmung
aid /eɪd/	-	Hilfe; Hilfsmittel
aim /eɪm/	-	Ziel, Zweck
air /eə/**: by air**	-	per Flugzeug
alive /əˈlaɪv/	-	lebendig
allow /əˈlaʊ/	-	erlauben, bewilligen
aloud /əˈlaʊd/	-	laut
also /ˈɔːlsəʊ/	-	auch, ebenso
alter /ˈɔːltə/	-	(ver)ändern
alternative /ɔːlˈtɜːnətɪv/	-	alternativ
although /ɔːlˈðəʊ/	-	obwohl
ancient /ˈeɪnʃənt/**: ancient Greece**	-	das antike Griechenland
angle /ˈæŋgl/	-	Winkel
right angle	-	rechter Winkel
ankle /ˈæŋkl/	-	Knöchel

ant /ænt/ — Ameise
apartment /əˈpɑːtmənt/ *AmE* — Wohnung
appear /əˈpɪə/ — erscheinen; scheinen
appreciate /əˈpriːʃɪeɪt/ — schätzen; anerkennen

area /ˈeərɪə/ — Gebiet
arrival /əˈraɪvl/ — Ankunft
arrive /əˈraɪv/ — (an)kommen
ash /æʃ/ — Esche; Asche
ashamed /əˈʃeɪmd/: **be ashamed of** — sich schämen
ask /ɑːsk/ — fragen; bitten um
asleep /əˈsliːp/: **fall asleep** — einschlafen
attack /əˈtæk/ — angreifen
attend /əˈtend/ — besuchen
attic /ˈætɪk/ — Dachgeschoß
audience /ˈɔːdɪəns/ — Publikum
aunt /ɑːnt/ — Tante
Austria /ˈɒstrɪə/ — Österreich
avenue /ˈævənjuː/ — Allee
average /ˈævərɪdʒ/ — Durchschnitt; durchschnittlich

avoidable /əˈvɔɪdəbl/ — vermeidbar

B

backwards /ˈbækwədz/ — rückwärts
bad /bæd/: **feel bad** — sich nicht wohl fühlen
badly /ˈbædlɪ/ — schlecht, schlimm
ballroom /ˈbɔːlruːm/ — Ballsaal
bank /bæŋk/ — Flußufer
bar /bɑː/: **bar of chocolate** — Tafel Schokolade
bathroom /ˈbɑːθruːm/ — Badezimmer
battle /ˈbætl/ — Schlacht
bay /beɪ/ — Bucht
be /biː/, **was** /wɒz/ / **were** /wɜː/, **been** /biːn/ — sein
beach /biːtʃ/ — Strand
bean /biːn/ — Bohne
bear /beə/ — Bär
beat /biːt/, **beat** /biːt/, **beaten** /ˈbiːtn/ — schlagen
become /bɪˈkʌm/, **became** /bɪˈkeɪm/, **become** /bɪˈkʌm/ — werden
bee /biː/ — Biene
beech /biːtʃ/ — Buche
beer /bɪə/ — Bier

begin /bɪˈgɪn/, **began** /bɪˈgæn/,
 begun /bɪˈgʌn/ - beginnen, anfangen
behaviour /bɪˈheɪvjə/ - Benehmen,
 Verhalten

belief /bɪˈliːf/ - Glaube; Vertrauen
believe /bɪˈliːv/ - glauben
bell /bel/ - Glocke
belong /bɪˈlɒŋ/ - gehören
berry /ˈberɪ/, **berries** /ˈberɪz/ - Beere
beside /bɪˈsaɪd/ - neben
birth /bɜːθ/ - Geburt
bit /bɪt/: **a bit** - ein bißchen
blackbird /ˈblækbɜːd/ - Amsel
blank /blæŋk/ - Lücke
blood /blʌd/ - Blut
blouse /blaʊz/ - Bluse
blunt /blʌnt/ - stumpf
board /bɔːd/ - Brett
boat /bəʊt/ - Boot
boil /bɔɪl/ - kochen,
 zum Kochen bringen

book /bʊk/ - bestellen
boot *(in a car)* /buːt/ - Kofferraum
bored /bɔːd/ - gelangweilt
born /bɔːn/ - geboren
borrow /ˈbɒrəʊ/ - leihen
both /bəʊθ/ - beide
both ... and ... - sowohl ... als auch ...
bottom /ˈbɒtəm/ - Boden
brackets /ˈbrækɪts/ - Klammern
brain /breɪn/ - Gehirn, Verstand
break /breɪk/, **broke** /brəʊk/,
 broken /ˈbrəʊkən/ - brechen, zerbrechen
break out - ausbrechen
breakdown /ˈbreɪkdaʊn/ - Zusammenbruch;
 Panne

breathe /briːð/ - atmen
brilliant /ˈbrɪljənt/ - ausgezeichnet
bring /brɪŋ/, **brought** /brɔːt/,
 brought /brɔːt/ - bringen
broad /brɔːd/ - breit, weit
broadcast /ˈbrɔːdkɑːst/, **broadcast**
 /ˈbrɔːdkɑːst/, **broadcast** /ˈbrɔːdkɑːst/ - senden
Brussels /ˈbrʌslz/ - Brüssel
build /bɪld/, **built** /bɪlt/, **built** /bɪlt/ - bauen

bullfight /'bʊlfaɪt/	- Stierkampf
burglar /'bɜːglə/	- Einbrecher
bush /bʊʃ/	- Strauch
button /'bʌtn/	- Knopf
buy /baɪ/, **bought** /bɔːt/, **bought** /bɔːt/	- kaufen

C

cage /keɪdʒ/	- Käfig
calculation /ˌkælkjʊ'leɪʃn/	- Berechnung
calf /kɑːf/	- Kalb
camel /'kæml/	- Kamel
can /kæn/	- Büchse
can /kæn/, **could** /kʊd/	- können
canary /kə'neərɪ/	- Kanarienvogel
candy /'kændɪ/ *AmE*	- Konfekt, Süßigkeiten
capital /'kæpɪtl/	- Hauptstadt
care of (c/o) /'keərəv/	- bei
carpenter /'kɑːpəntə/	- Zimmermann
carpentry /'kɑːpəntrɪ/	- Zimmerhandwerk
carriage /'kærɪdʒ/: **baby carriage** *AmE*	- Kinderwagen
case /keɪs/	- Fall
cash /kæʃ/	- Bargeld
catch /kætʃ/, **caught** /kɔːt/, **caught** /kɔːt/	- fangen; erreichen
cattle /'kætl/	- Rindvieh
cause /kɔːz/	- Ursache; verursachen
celebrate /'seləbreɪt/	- feiern
centre /'sentə/	- Zentrum
century /'sentʃərɪ/	- Jahrhundert
certain /'sɜːtn/	- bestimmt, gewiß
chain /tʃeɪn/	- Kette
chairman /'tʃeəmən/	- Vorsitzender
champion /'tʃæmpɪən/	- Meister
change /tʃeɪndʒ/	- (ver)ändern
chapter /'tʃæptə/	- Kapitel
character /'kærəktə/	- Gestalt, Person
charm /tʃɑːm/	- Charme, Anmut
cheer /tʃɪə/	- zujubeln, ermutigen
chemistry /'kemɪstrɪ/	- Chemie
cheque /tʃek/	- Scheck
cherry /'tʃerɪ/	- Kirschbaum; Kirsche
chief /tʃiːf/	- Leiter, Chef
childhood /'tʃaɪldhʊd/	- Kindheit
chips /tʃɪps/	- Pommes frites

choose /tʃuːz/, **chose** /tʃəʊz/,
 chosen /'tʃəʊzn/   - auswählen
chopped /tʃɒpt/   - gehackt
church /tʃɜːtʃ/   - Kirche
circular /'sɜːkjʊlə/   - kreisförmig
clean /kliːn/   - säubern; sauber
clear /klɪə/   - klar
clerk /klɑːk/   - Büroangestellte(r)
climb /klaɪm/   - klettern, erklettern
cloakroom /'kləʊkruːm/   - Garderobe
close /kləʊz/   - schließen
clothes /kləʊðz/   - Kleidung
cloud /klaʊd/   - Wolke
clued /kluːd/   - Hinweis-
coal /kəʊl/   - Kohle
coat /kəʊt/   - Mantel; Jacke
code /kəʊd/   - Kode
coin /kɔɪn/   - Münze
cold /kəʊld/   - Erkältung
colonel /'kɜːnl/   - Oberst
column /'kɒləm/   - Kolumne
comb /kəʊm/   - Kamm
come /kʌm/, **came** /keɪm/,
 come /kʌm/   - kommen
comedy /'kɒmədɪ/,
 comedies /'kɒmədɪz/   - Komödie
command /kə'mɑːnd/   - Befehl
committee /kə'mɪtɪ/   - Komitee
common /'kɒmən/: **have in common** - etwas mit jmdm
                                           gemein haben
complain /kəm'pleɪn/   - sich beklagen
complete /kəm'pliːt/   - vervollständigen
compound /'kɒmpaʊnd/   - Zusammensetzung,
                                           Kompositum
concern /kən'sɜːn/   - betreffen
concrete /'kɒŋkriːt/   - Beton
confirm /kən'fɜːm/   - bestätigen
confused /kən'fjuːzd/   - verwechselt
congratulate /kən'grætʃʊleɪt/   - gratulieren
conscientious /ˌkɒnʃɪ'enʃəs/   - gewissenhaft
conscious /'kɒnʃəs/   - bewußt
consist /kən'sɪst/   - bestehen
contact /'kɒntækt/   - Kontakt, Verbindung
container /kən'teɪnə/   - Behälter
continually /kən'tɪnjʊəlɪ/   - ständig, immer wieder

continuously /kən'tınjʊəslı/ — ununterbrochen
contract /'kɒntrækt/ — Vertrag
control /kən'trəʊl/ — Macht; Kontrolle
copper /'kɒpə/ — Kupfer
copy /'kɒpı/, **copied** /'kɒpıd/ — kopieren
core /kɔ:/ — Kern
corn /kɔ:n/ *AmE* — Mais
corner /'kɔ:nə/: **round the corner** — um die Ecke
corps /kɔ:/ — Korps
corresponding /ˌkɒrə'spɒndıŋ/ — entsprechend
coughing /'kɒfıŋ/ — Husten
crew /kru:/ — Besatzung
crisis /'kraısıs/, **crises** /'kraısi:z/ — Krise
cross out /'krɒsaʊt/ — ausstreichen
crossword /'krɒsw3:d/ — Kreuzworträtsel
crowd /kraʊd/ — Menschenmenge
crown /kraʊn/ — Krone
cruel /'kru:əl/ — grausam
cruise /kru:z/ — Kreuzfahrt
cry /kraı/, **cried** /kraıd/, **cried** /kraıd/ — weinen; schreien, rufen
cuckoo /'kʊku:/ — Kuckuck
cupboard /'kʌbəd/ — Schrank
cut /kʌt/, **cut** /kʌt/, **cut** /kʌt/ — schneiden

D

dangerous /'deındʒərəs/ — gefährlich
dare /deə/ — sich getrauen
deal with /'di:lwıð/ — behandeln
debate /dı'beıt/ — Debatte, Diskussion
decide /dı'saıd/ — entscheiden
deep /di:p/ — tief
deer /dıə/ — Hirsch
defend /dı'fend/ — verteidigen
definitely /'defənətlı/ — entschieden, zweifellos
degree /dı'gri:/ — Grad
delivery /dı'lıvərı/ — Lieferung, Zusendung
demand /dı'mɑ:nd/ — fordern, verlangen
den /den/ — Höhle
departure /dı'pɑ:tʃə/ — Abfahrt, Abflug
depth /depθ/ — Tiefe
description /dı'skrıpʃn/ — Beschreibung
design /dı'zaın/ — Projekt, Plan
desk /desk/ — Schreibtisch
desperate /'despərət/ — verzweifelt

despite /dɪˈspaɪt/	- trotz
dew /djuː/	- Tau
difference /ˈdɪfrəns/	- Unterschied
dime /daɪm/	- Zehncentstück
dinner jacket /ˈdɪnəˌdʒækɪt/	- Smoking
discover /dɪˈskʌvə/	- entdecken
disobey /ˌdɪsəˈbeɪ/	- nicht gehorchen
display /dɪˈspleɪ/	- ausstellen, zeigen
distinguished /dɪˈstɪŋgwɪʃt/	- hervorragend
diver /ˈdaɪvə/	- Taucher(in)
divorced /dɪˈvɔːst/	- geschieden
do /duː/, **did** /dɪd/, **done** /dʌn/	- tun, machen
domestic /dəˈmestɪk/: **domestic animal**	- Haustier
dominoes /ˈdɒmɪnəʊz/	- Dominosteine
drawer /drɔː/	- Schubfach
dread /dred/	- sehr fürchten; große Angst haben
dream /driːm/, **dreamt** /dremt/, **dreamt** /dremt/	- träumen
dress /dres/	- Kleid; sich kleiden; sich ankleiden
drink /drɪŋk/, **drank** /dræŋk/, **drunk** /drʌŋk/	- trinken
drive /draɪv/, **drove** /drəʊv/, **driven** /ˈdrɪvən/	- fahren
driver /ˈdraɪvə/	- Fahrer
drop /drɒp/	- Tropfen; fallen lassen
drug /drʌg/	- Rauschgift
due to /ˈdjuːtə/	- infolge von; zurückführbar auf
duty /ˈdjuːtɪ/	- Pflicht
dwarf /dwɔːf/	- Zwerg

E

eagle /ˈiːgl/	- Adler
ear /ɪə/	- Ohr; Gehör
earn /ɜːn/: **earn one's living**	- seinen Lebensunterhalt verdienen
earth /ɜːθ/	- Erde
Easter /ˈiːstə/	- Ostern
eat /iːt/, **ate** /et/ **eaten** /ˈiːtn/	- essen
effectively /ɪˈfektɪvlɪ/	- erfolgreich
efficient /ɪˈfɪʃnt/	- leistungsfähig
effort /ˈefət/	- Anstrengung, Mühe
elbow /ˈelbəʊ/	- Ellbogen

elderly /'eldəlɪ/	- ältlich
employ /ɪm'plɔɪ/	- anstellen
employer /ɪm'plɔɪə/	- Unternehmer(in)
empty /'emptɪ/	- leer
enemy /'enəmɪ/	- Feind
engineer /ˌendʒɪ'nɪə/	- Ingenieur
enjoy /ɪn'dʒɔɪ/	- genießen
enough /ɪ'nʌf/	- genug
enter /'entə/	- eintreten, hineingehen
envelope /'envələʊp/	- Briefumschlag
equal /'i:kwəl/	- gleich
error /'erə/	- Irrtum, Fehler
estate /i'steɪt/	- Grundstück
even /'i:vn/	- sogar, selbst; nicht einmal
exam /ɪg'zæm/	- Prüfung
exceed /ɪk'si:d/	- überschreiten
excellent /'eksələnt/	- ausgezeichnet
except /ɪk'sept/	- ausgenommen, außer
exclaim /ɪk'skleɪm/	- ausrufen
exhibition /ˌeksɪ'bɪʃn/	- Ausstellung
expect /ɪk'spekt/	- erwarten
expensive /ɪk'spensɪv/	- teuer, kostspielig
explode /ɪk'spləʊd/	- explodieren
expressway /ɪk'spresweɪ/	- Autobahn
extravagant /ɪk'strævəgənt/	- verschwenderisch
eye /aɪ/: **eye of a needle**	- Nadelöhr
eyelash /'aɪlæʃ/	- Wimper
eyelid /'aɪlɪd/	- Augenlid
eyesight /'aɪsaɪt/	- Sehkraft
eyewitness /'aɪˌwɪtnəs/	- Augenzeuge

F

failure /'feɪljə/	- Mißerfolg
fair /feə/	- blond
faith /feɪθ/	- Glaube
fall /fɔ:l/, **fell** /fel/, **fallen** /'fɔ:lən/	- fallen, stürzen
false /fɔ:ls/: **false teeth**	- künstliche Zähne
familiar /fə'mɪlɪə/	- vertraut, bekannt
famous for /'feɪməsfə/	- berühmt für
farmyard /'fɑ:mjɑ:d/	- Farmhof
fashionable /'fæʃnəbl/	- modern, modisch
fast /fɑ:st/	- schnell
fasten /fɑ:sn/	- anschnallen, befestigen
fat /fæt/	- Fett

faucet /ˈfɔːsɪt/ *AmE*	-	Wasserhahn
favourite /ˈfeɪvrət/	-	Lieblings-
feel /fiːl/, **felt** /felt/, **felt** /felt/	-	fühlen
female /ˈfiːmeɪl/	-	weiblich
fewer /ˈfjuːə/	-	weniger
fictitious /fɪkˈtɪʃəs/	-	erfunden
fill in /ˈfɪlɪn/	-	ausfüllen
finally /ˈfaɪnəlɪ/	-	schließlich
find /faɪnd/, **found** /faʊnd/, **found** /faʊnd/	-	finden
fine /faɪn/	-	fein
fir /fɜː/	-	Tanne
fireplace /ˈfaɪəpleɪs/	-	Kamin
firm /fɜːm/	-	fest
flag /flæg/	-	Fahne
flashlight /ˈflæʃlaɪt/ *AmE*	-	Taschenlampe
flat /flæt/	-	flach; Wohnung
floor /flɔː/	-	Fußboden; Stockwerk
flour /ˈflaʊə/	-	Mehl
flute /fluːt/	-	Flöte
fly /flaɪ/	-	Fliege
fly /flaɪ/, **flew** /fluː/, **flown** /fləʊn/	-	fliegen
follow /ˈfɒləʊ/	-	folgen
forbid /fəˈbɪd/, **forbade** /fəˈbæd/, **forbidden** /fəˈbɪdn/	-	verbieten
foreign /ˈfɒrən/	-	ausländisch, fremd
foreign affairs	-	Außenpolitik
forest /ˈfɒrɪst/	-	Wald
forget /fəˈget/, **forgot** /fəˈgɒt/, **forgotten** /fəˈgɒtn/	-	vergessen
former /ˈfɔːmə/	-	frühere(r)
forwards /ˈfɔːwədz/	-	vorwärts
French fries /ˌfrentʃˈfraɪz/ *AmE*	-	Pommes frites
frequent /ˈfriːkwənt/	-	häufig
frog /frɒg/	-	Frosch
frozen /ˈfrəʊzn/	-	gefroren
fruit /fruːt/	-	Frucht
fry /fraɪ/, **fried** /fraɪd/, **fried** /fraɪd/	-	braten
full stop /ˌfʊlˈstɒp/	-	Punkt
fun /fʌn/	-	Spaß
furniture /ˈfɜːnɪtʃə/: **a piece of furniture**	-	Möbel

G

gain /geɪn/	-	gewinnen
gallery /ˈgælərɪ/	-	Galerie

gas /gæs/ *AmE*	- Benzin
gathering *(of people)* /ˈgæðərɪŋ/	- Versammlung
get /get/, **got** /gɒt/, **got** /gɒt/	- werden
give /gɪv/, **gave** /geɪv/	
given /ˈgɪvn/	- geben
give up	- aufgeben
glasses /ˈglɑːsɪz/	- Brille
glove /glʌv/	- Handschuh
go /gəʊ/, **went** /went/, **gone** /gɒn/	- gehen
go off	- explodieren
go red	- rot werden
good /gʊd/: **do good**	- gut bekommen
goods /gʊdz/	- Waren
goose /guːs/, **geese** /giːs/	- Gans
gossip /ˈgɒsɪp/	- Klatsch, Geschwätz
government /ˈgʌvnmənt/	- Regierung
grab /græb/	- schnappen
grace /greɪs/	- Reiz, Charme
graduation /ˌgrædʒʊˈeɪʃn/	- Abschluß
grandchild /ˈgræntʃaɪld/,	
grandchildren /ˈgræntʃɪldrən/	- Enkelkind
grandfather /ˈgrændfɑːðə/	- Großvater
grandson /ˈgrænsʌn/	- Enkel
greet /griːt/	- grüßen
greyish /ˈgreɪɪʃ/	- gräulich
grid /grɪd/	- Gitter
grow /grəʊ/, **grew** /gruː/,	
grown /grəʊn/	- wachsen
guarantee /ˌgærənˈtiː/	- Garantie
guess /ges/	- raten, erraten
guide /gaɪd/	- Reiseführer
guilty /ˈgɪltɪ/	- schuldig

H

haircut /ˈheəkʌt/	- Haarschnitt
hairdresser /ˈheədresə/	- Friseur, Friseuse
hairdryer /ˈheədraɪə/	- Haartrockner
hairstyle /ˈheəstaɪl/	- Frisur
hall /hɔːl/: **Town Hall**	- Rathaus
hamster /ˈhæmstə/	- Hamster
handkerchief /ˈhæŋkətʃɪf/	- Taschentuch
handshake /ˈhændʃeɪk/	- Händeschütteln
hang /hæŋ/, **hung** /hʌŋ/, **hung** /hʌŋ/	- aufhängen
happen /ˈhæpən/	- geschehen, passieren
hard /hɑːd/	- schwer

hardly /ˈhɑːdlɪ/	- kaum
harm /hɑːm/	- verletzen
harmless /ˈhɑːmləs/	- harmlos, ungefährlich
harp /hɑːp/	- Harfe
hate /heɪt/	- haßen; nicht mögen
have /hæv/, **had** /hæd/, **had** /hæd/	- haben
have to	- müssen
headline /ˈhedlaɪn/	- Schlagzeile
healthy /ˈhelθɪ/	- gesund
hear /hɪə/, **heard** /hɜːd/, **heard** /hɜːd/	- hören
hearts /hɑːts/: **the queen of hearts**	- Herzdame
heavy /ˈhevɪ/	- schwer
heir /eə/	- Erbe
helicopter /ˈhelɪkɒptə/	- Hubschrauber
hide /haɪd/, **hid** /hɪd/, **hidden** /ˈhɪdn/	- verstecken
historian /hɪˈstɔːrɪən/	- Historiker
hit /hɪt/, **hit** /hɪt/, **hit** /hɪt/	- schlagen
hold /həʊld/, **held** /held/, **held** /held/	- halten
hole /həʊl/	- Loch
honeycomb /ˈhʌnɪkəʊm/	- Honigwabe; Wabenrätsel
hope /həʊp/	- hoffen
horizontal /ˌhɒrɪˈzɒntl/	- horizontal, waagerecht
horseshoe /ˈhɔːsʃuː/	- Hufeisen
hospital /ˈhɒspɪtl/	- Krankenhaus
hug /hʌg/	- Umarmung
human /ˈhjuːmən/	- menschlich, Menschen-
Hungary /ˈhʌŋgərɪ/	- Ungarn
hunter /ˈhʌntə/	- Jäger
hurt /hɜːt/, **hurt** /hɜːt/, **hurt** /hɜːt/	- verletzen, weh tun
hyena /haɪˈiːnə/	- Hyäne

I

iceberg /ˈaɪsbɜːg/	- Eisberg
ideal /aɪˈdɪəl/	- ideal
idle /ˈaɪdl/	- müßig, faul; außer Betrieb
idol /ˈaɪdl/	- Idol
illegal /ɪˈliːgl/	- illegal, gesetzwidrig
illness /ˈɪlnəs/	- Krankheit
image /ˈɪmɪdʒ/	- Bild, Abbild
important /ɪmˈpɔːtnt/	- wichtig, bedeutend
include /ɪnˈkluːd/	- enthalten
indeed /ɪnˈdiːd/	- wirklich, tatsächlich
independence /ˌɪndɪˈpendəns/	- Unabhängigkeit

inexperienced /ˌɪnɪkˈspɪərɪənst/ - unerfahren
inner /ˈɪnə/ - inner, Innen-
innocent /ˈɪnəsənt/ - unschuldig
insane /ɪnˈseɪn/ - geisteskrank; verrückt
insert /ɪnˈsɜːt/ - einfügen, einsetzen
instance /ˈɪnstəns/**: for instance** - zum Beispiel
insult /ɪnˈsʌlt/ - beleidigen
intend /ɪnˈtend/ - beabsichtigen
interesting /ˈɪntrəstɪŋ/ - interessant
interfere /ˌɪntəˈfɪə/ - sich einmischen
invent /ɪnˈvent/ - erfinden
invention /ɪnˈvenʃn/ - Erfindung
investigate /ɪnˈvestɪgeɪt/ - untersuchen
invitation /ˌɪnvɪˈteɪʃn/ - Einladung
iron /ˈaɪən/ - Eisen; bügeln
issue /ˈɪʃuː/ - Ausgabe

J

journey /ˈdʒɜːnɪ/ - Reise
juicy /ˈdʒuːsɪ/ - saftig
jump /dʒʌmp/ - springen
justification /ˌdʒʌstɪfɪˈkeɪʃn/ - Rechtfertigung

K

kangaroo /ˌkæŋgəˈruː/ - Känguruh
keep /kiːp/**, kept** /kept/**, kept** /kept/ - halten
kernel /ˈkɜːnl/ - Kern
kettle /ˈketl/ - Kessel
kid /kɪd/ - Kind
kidneys /ˈkɪdnɪz/ - Nieren
kind /kaɪnd/ - Art; freundlich, gut
kingdom /ˈkɪŋdəm/ - Königreich
knife /naɪf/**, knives** /naɪvz/ - Messer
know /nəʊ/**, knew** /njuː/,
 known /nəʊn/ - wissen, kennen

L

lack /læk/ - Mangel
lamb /læm/ - Lamm
lane /leɪn/ - Weg
large /lɑːdʒ/ - groß
late /leɪt/**: be late** - zu spät kommen
laugh /lɑːf/ - lachen

laughter /ˈlɑːftə/	-	Lachen, Gelächter
law /lɔː/	-	Gesetz; Recht
lawyer /ˈlɔːjə/	-	Rechtsanwalt
lay /leɪ/, **laid** /leɪd/, **laid** /leɪd/	-	legen
lead /liːd/, **led** /led/, **led** /led/	-	führen
leap /liːp/, **leapt** /lept/, **leapt** /lept/	-	springen
leather /ˈleðə/	-	Leder
leave /liːv/, **left** /left/, **left** /left/	-	verlassen, lassen; weggehen, abfahren
left-hand side /ˌlefthændˈsaɪd/	-	linke Seite
legal /ˈliːgl/	-	gesetzlich, Rechts-
legroom /ˈlegruːm/	-	Beinfreiheit
lemon /ˈlemən/	-	Zitrone
lend /lend/, **lent** /lent/, **lent** /lent/	-	leihen
length /leŋθ/	-	Länge
less /les/	-	weniger
lest /lest/	-	damit nicht
let /let/, **let** /let/, **let** /let/	-	lassen
level /ˈlevl/	-	Niveau
library /ˈlaɪbrərɪ/	-	Bibliothek
lie /laɪ/, **lay** /leɪ/, **lain** /leɪn/	-	liegen
lieutenant /lefˈtenənt/	-	Leutnant
lift /lɪft/	-	Aufzug
light /laɪt/	-	Licht
lighthouse /ˈlaɪthaʊs/	-	Leuchtturm
lightweight /ˈlaɪtweɪt/	-	leicht; Leichtgewichtler
limit /ˈlɪmɪt/	-	Begrenzung
limited /ˈlɪmɪtɪd/	-	beschränkt, begrenzt
line /laɪn/ *AmE*	-	Menschenschlange
lion /ˈlaɪən/	-	Löwe
Lisbon /ˈlɪzbən/	-	Lissabon
liver /ˈlɪvə/	-	Leber
loaf /ləʊf/	-	Laib
lock /lɒk/	-	Schloß; verschließen
locksmith /ˈlɒksmɪθ/	-	Schlosser
look /lʊk/	-	blicken, schauen
look after	-	sorgen für
look for	-	suchen
look into	-	untersuchen
look like	-	ähnlich sein
look out	-	aufpassen
look up	-	nachschlagen
lorry /ˈlɒrɪ/	-	Lastkraftwagen
lose /luːz/, **lost** /lɒst/, **lost** /lɒst/	-	verlieren
loud /laʊd/	-	laut

lovely /'lʌvlɪ/   - lieblich, reizend
luck /lʌk/   - Glück
luggage /'lʌgɪdʒ/   - Gepäck
lungs /lʌŋz/   - Lungen

M

magician /mə'dʒɪʃn/   - Zauberkünstler
mailman /'meɪlmæn/ *AmE*   - Briefträger
mainly /'meɪnlɪ/   - hauptsächlich, vor allem
maize /meɪz/   - Mais
make /meɪk/, **made** /meɪd/, **made** /meɪd/   - machen
make up   - erfinden
make-up   - Schminke, Aufmachung
manhood /'mænhʊd/   - Mannesalter; Männlichkeit
mankind /mæn'kaɪnd/   - Menschheit
manners /'mænəz/   - Umgangsformen
manservant /'mænsɜ:vnt/   - Diener
manual /'mænjʊəl/   - manuell, Hand-
manufacture /ˌmænjʊ'fæktʃə/   - erzeugen, herstellen
maple /'meɪpl/   - Ahorn
marked /mɑ:kt/   - markiert, gekennzeichnet
matter /'mætə/   - Sache, Angelegenheit
may /meɪ/, **might** /maɪt/   - können; dürfen
mean /mi:n/, **meant** /ment/, **meant** /ment/   - meinen; bedeuten
means of transport /'mi:nzəv'trænspɔ:t/   - Transportmittel
measure /'meʒə/   - Maß
medicine /'medsn/   - Arznei
meet /mi:t/, **met** /met/, **met** /met/   - treffen, begegnen
member /'membə/   - Mitglied
memory /'memərɪ/   - Gedächtnis; Erinnerung
mention /'menʃn/   - erwähnen
message /'mesɪdʒ/   - Mitteilung, Botschaft
midfielder /'mɪdfi:ldə/   - Mittelfeldspieler
mild /maɪld/   - mild
mirror /'mɪrə/   - Spiegel
missing /'mɪsɪŋ/   - fehlend

mistake /mɪˈsteɪk/, **mistook** /mɪˈstʊk/,
  mistaken /mɪˈsteɪkən/   – verwechseln;
                     mißverstehen
monkey /ˈmʌŋkɪ/   – Affe
mosquito /məˈskiːtəʊ/   – Mücke
most /məʊst/   – meist; höchst
motorway /ˈməʊtəweɪ/   – Autobahn
mountain /ˈmaʊntɪn/   – Berg
mouse /maʊs/, **mice** /maɪs/   – Maus
move /muːv/   – umziehen
movement /ˈmuːvmənt/   – Bewegung
murder /ˈmɜːdə/   – Mord
musical /ˈmjuːzɪkl/   – Musik-
musician /mjuːˈzɪʃn/   – Musiker
musketeer /ˌmʌskəˈtɪə/   – Musketier
mustard /ˈmʌstəd/   – Senf

N

nail /neɪl/   – Nagel
naive /naɪˈiːv/   – naiv
narrow /ˈnærəʊ/   – schmal, eng
nastiest /ˈnɑːstɪɪst/   – der häßlichste
nearly /ˈnɪəlɪ/   – beinahe
nephew /ˈnefjuː/   – Neffe
newspaper /ˈnjuːspeɪpə/   – Zeitung
next to /ˈnekstə/   – neben
nice /naɪs/   – angenehm; schön
niece /niːs/   – Nichte
nightingale /ˈnaɪtɪŋgeɪl/   – Nachtigall
nitroglycerine /ˌnaɪtrəʊˈglɪsərɪn/   – Nitroglyzerin
nod /nɒd/   – nicken
noise /nɔɪz/   – Lärm
non-iron /ˌnɒnˈaɪən/   – bügelfrei
Norway /ˈnɔːweɪ/   – Norwegen
note /nəʊt/: **make notes**   – notieren
noticeboard /ˈnəʊtɪsbɔːd/   – Schwarzes Brett
novel /ˈnɒvl/   – Roman
nurse /nɜːs/   – Krankenschwester

O

oak /əʊk/   – Eiche
obey /əˈbeɪ/   – gehorchen; befolgen
odd /ɒd/   – sonderbar
offend /əˈfend/   – verletzen, kränken

oil /ɔɪl/ — Öl
omit /əʊˈmɪt/ — auslassen, weglassen
once /wʌns/: **once again** — noch einmal
onion /ˈʌnjən/ — Zwiebel
only /ˈəʊnlɪ/: **the only** — einzige(r, -s)
opening /ˈəʊpənɪŋ/ — Öffnung; Eröffnung
opportunity /ˌɒpəˈtjuːnətɪ/ — Gelegenheit, Möglichkeit

opposite /ˈɒpəzɪt/ — Gegenteil
orange /ˈɒrɪndʒ/ — Apfelsine
orchard /ˈɔːtʃəd/ — Obstgarten
order /ˈɔːdə/ — Ordnung, Reihenfolge; Befehl

out of order — defekt, außer Betrieb
organ /ˈɔːgən/ — Organ; Orgel
outer /ˈaʊtə/ — Außen-
outlook /ˈaʊtlʊk/ — Aussicht(en), Auffassung

over and over again /ˈəʊvərənd ˈəʊvərəˈgen/ — immer wieder
overcoat /ˈəʊvəkəʊt/ — Mantel
owl /aʊl/ — Eule
own /əʊn/ — eigen

P

pace /peɪs/ — schreiten
page /peɪdʒ/ — Seite
pain /peɪn/ — Schmerz
painful /ˈpeɪnfəl/ — schmerzhaft; peinlich
painting /ˈpeɪntɪŋ/ — Malerei; Gemälde
pair /peə/ — Paar
pale /peɪl/ — blaß
pantyhose /ˈpæntɪhəʊz/ *AmE* — Strumpfhose
parachute /ˈpærəʃuːt/ — Fallschirm
parent /ˈpeərənt/ — Vater oder Mutter
parrot /ˈpærət/ — Papagei
part /pɑːt/ — Teil
pass /pɑːs/ — vorbeigehen; bestehen

passport /ˈpɑːspɔːt/ — Paß
past /pɑːst/ — vergangen; Vergangenheit

paste /peɪst/ — Paste; Klebstoff; kleben
path /pɑːθ/ — Pfad
patient /ˈpeɪʃnt/ — Patient(in)

pavement /ˈpeɪvmənt/	- Bürgersteig
paw /pɔ:/	- Pfote
pay /peɪ/, **paid** /peɪd/, **paid** /peɪd/	- zahlen; bezahlen
pear /peə/	- Birne
pearl /pɜ:l/	- Perle
penguin /ˈpeŋgwɪn/	- Pinguin
pepper /ˈpepə/	- Pfeffer
performance /pəˈfɔ:məns/	- Aufführung
period /ˈpɪərɪəd/ *AmE*	- Punkt
persecute /ˈpɜ:sɪkju:t/	- verfolgen
pet /pet/	- Haustier
petrol /ˈpetrəl/	- Benzin
pheasant /ˈfeznt/	- Fasan
phone /fəʊn/	- Telefon; telefonieren
pick /pɪk/	- pflücken
pig /pɪg/	- Schwein
pigeon /ˈpɪdʒən/	- Taube
pill /pɪl/	- Pille
pillow /ˈpɪləʊ/	- Kopfkissen
pine /paɪn/	- Kiefer
pipe /paɪp/	- Pfeife
pity /ˈpɪtɪ/: **it's a pity**	- es ist schade
player /ˈpleɪə/	- Spieler
pleasure /ˈpleʒə/	- Vergnügen
plenty /ˈplentɪ/: **plenty of**	- viel
Poland /ˈpəʊlənd/	- Polen
polluted /pəˈlu:tɪd/	- verunreinigt, verschmutzt
poor /pʊə/	- arm
poplar /ˈpɒplə/	- Pappel
possibly /ˈpɒsəblɪ/	- möglicherweise, vielleicht
postman /ˈpəʊstmən/	- Briefträger
powder /ˈpaʊdə/	- Pulver
power /ˈpaʊə/	- Kraft, Stärke
pram /præm/	- Kinderwagen
precede /prɪˈsi:d/	- vorausgehen; einleiten
prefer /prɪˈfɜ:/	- bevorzugen
prescribe /prɪˈskraɪb/	- verordnen
present /ˈpreznt/	- anwesend; Geschenk
press /pres/	- drücken
pressure /ˈpreʃə/	- Druck
price /praɪs/	- Preis, Kosten
priest /pri:st/	- Priester

principal /ˈprɪnsəpl/	- hauptsächlich
principle /ˈprɪnsəpl/	- Prinzip
print /prɪnt/	- drucken
prize /praɪz/	- Preis, Auszeichnung
proceed /prəˈsiːd/	- fortfahren
profession /prəˈfeʃn/	- Beruf
pronounce /prəˈnaʊns/	- aussprechen
properly /ˈprɒpəlɪ/	- richtig, passend
prosecute /ˈprɒsɪkjuːt/	- anklagen
proverb /ˈprɒvɜːb/	- Sprichwort
pupil /ˈpjuːpl/	- Schüler(in)
put /pʊt/, **put** /pʊt/, **put** /pʊt/	- legen
put on	- anziehen
puzzle /ˈpʌzl/	- Rätsel

Q

queue /kjuː/	- Schlange
quick /kwɪk/	- schnell, prompt
quiet /ˈkwaɪət/	- ruhig, still
quite /kwaɪt/	- ganz, völlig

R

rabbit /ˈræbɪt/	- Kaninchen
race /reɪs/	- Rasse
rail /reɪl/	- Schiene
railroad /ˈreɪlrəʊd/ *AmE*	- Eisenbahn
railway /ˈreɪlweɪ/	- Eisenbahn
rainy /ˈreɪnɪ/	- regnerisch
raise /reɪz/	- erhöhen, steigern
raisin /ˈreɪzn/	- Rosine
random /ˈrændəm/	- zufällig
rarely /ˈreəlɪ/	- selten
rat /ræt/	- Ratte
rather /ˈrɑːðə/	- lieber; ziemlich
reaction /rɪˈækʃn/	- Reaktion
realize /ˈrɪəlaɪz/	- begreifen, einsehen
really /ˈrɪəlɪ/	- wirklich
rearrange /ˌriːəˈreɪndʒ/	- umordnen
reason /ˈriːzn/	- Ursache
receiver /rɪˈsiːvə/	- Empfänger
recipe /ˈresəpɪ/	- Rezept
recover /rɪˈkʌvə/	- wieder gesund werden
region /ˈriːdʒən/	- Region, Gebiet
rehearsal /rɪˈhɜːsl/	- Probe

reign /reɪn/ - regieren
relative /ˈrelətɪv/ - Verwandte(r)
reliable /rɪˈlaɪəbl/ - zuverlässig
relief /rɪˈliːf/ - Erleichterung
remain /rɪˈmeɪn/ - bleiben; übrigbleiben
remote /rɪˈməʊt/ - entfernt
remove /rɪˈmuːv/ - entfernen; wegräumen
replace /rɪˈpleɪs/ - ersetzen
rescue /ˈreskjuː/ - retten
research /rɪˈsɜːtʃ/ - Forschung
resemble /rɪˈzembl/ - ähnlich sein
respect /rɪˈspekt/ - Respekt, Achtung
result /rɪˈzʌlt/ - Ergebnis
return /rɪˈtɜːn/ - zurückkommen
ride /raɪd/, **rode** /rəʊd/, **ridden** /ˈrɪdn/ - reiten
ring /rɪŋ/, **rang** /ræŋ/, **rung** /rʌŋ/ - läuten
rise /raɪz/, **rose** /rəʊz/, **risen** /ˈrɪzn/ - ansteigen
risky /ˈrɪskɪ/ - riskant
roast chicken /ˌrəʊstˈtʃɪkɪn/ - Brathuhn
Rome /rəʊm/ - Rom
rock /rɒk/ - Felsen
roof /ruːf/ - Dach
rope /rəʊp/ - Seil
row /rəʊ/ - Reihe
rude /ruːd/ - grob, unhöflich
run /rʌn/, **ran** /ræn/, **run** /rʌn/ - laufen, rennen
run away - davonlaufen
rush /rʌʃ/ - stürzen

S

safety /ˈseɪftɪ/ - Sicherheit
safety pin /ˈseɪftɪpɪn/ - Sicherheitsnadel
sailing boat /ˈseɪlɪŋbəʊt/ - Segelboot
sailor /ˈseɪlə/ - Matrose, Seemann
saint /seɪnt/ - Heilige(r)
salad /ˈsæləd/ - Salat
salt /sɔːlt/ - Salz
same /seɪm/: **the same** - derselbe, dieselbe, dasselbe
sandals /ˈsændlz/ - Sandalen
satisfactory /ˌsætɪsˈfæktərɪ/ - befriedigend
say /seɪ/, **said** /sed/, **said** /sed/ - sagen
scissors /ˈsɪzəz/ - Schere
score /skɔː/ - Spielstand
scrambled eggs /ˌskræmbldˈegz/ - Rührei

scratch /skrætʃ/ — zerkratzen
sculpture /'skʌlptʃə/ — Skulptur
seaside /'si:saɪd/: **at the seaside** — am Meer
season /'si:zn/ — Jahreszeit
seat belt /'si:tbelt/ — Sicherheitsgurt
second-hand /ˌsekənd'hænd/ — aus zweiter Hand
see /si:/, **saw** /sɔ:/, **seen** /si:n/ — sehen
seem /si:m/ — scheinen
self-confident /ˌself'kɒnfɪdənt/ — selbstsicher
selfish /'selfɪʃ/ — selbstsüchtig
sell /sel/, **sold** /səʊld/, **sold** /səʊld/ — verkaufen
sergeant /'sɑ:dʒənt/ — Feldwebel
series /'sɪəri:z/ — Serie, Folge
serve /sɜ:v/ — servieren
set /set/: **television set** — Fernsehgerät
sewing /'səʊɪŋ/ — Nähen
shadow /'ʃædəʊ/ — Schatten
shake /ʃeɪk/, **shook** /ʃʊk/, **shaken** /'ʃeɪkən/ — schütteln; zittern
shallow /'ʃæləʊ/ — seicht
share /ʃeə/ — teilen
shark /ʃɑ:k/ — Haifisch
sharp /ʃɑ:p/ — scharf
sheep /ʃi:p/ — Schaf
shipwrecked /'ʃɪprekt/ — schiffbrüchig
shirt /ʃɜ:t/ — Hemd
shoot /ʃu:t/, **shot** /ʃɒt/, **shot** /ʃɒt/ — schießen
short cut /ˌʃɔ:t'kʌt/ — Abkürzung *(e-s Wegs)*
shortage /'ʃɔ:tɪdʒ/ — Mangel
should /ʃʊd/ — sollte
shoulder /'ʃəʊldə/ — Schulter
shout /ʃaʊt/ — rufen, schreien
show /ʃəʊ/, **showed** /ʃəʊd/, **shown** /ʃəʊn/ — zeigen, ausstellen
shut /ʃʌt/, **shut** /ʃʌt/, **shut** /ʃʌt/ — schließen, verschließen
shy /ʃaɪ/ — scheu, schüchtern
sick /sɪk/ — krank
sideboard /'saɪdbɔ:d/ — Geschirrschrank
sidewalk /'saɪdwɔ:k/ *AmE* — Bürgersteig
sigh /saɪ/ — seufzen
sight /saɪt/: **at first sight** — auf den ersten Blick
silence /'saɪləns/ — Stille, Schweigen
silk /sɪlk/ — Seide
simple /'sɪmpl/ — einfach

simply /'sɪmplɪ/	- einfach
since /sɪns/	- seit
sing /sɪŋ/, **sang** /sæŋ/, **sung** /sʌŋ/	- singen
single /sɪŋgl/	- unverheiratet
sit /sɪt/, **sat** /sæt/, **sat** /sæt/	- sitzen
skin /skɪn/	- Haut
skirt /skɜ:t/	- Rock
sleep /sli:p/, **slept** /slept/, **slept** /slept/	- schlafen
sleeping policeman /ˌsli:pɪŋpəˈli:smən/	- Rüttelschwelle
slot /slɒt/	- Geldeinwurf
slow /sləʊ/: **be slow**	- nachgehen
snowman /'snəʊmæn/	- Schneemann
soap /səʊp/	- Seife
solar system /'səʊləˌsɪstəm/	- Sonnensystem
soldier /'səʊldʒə/	- Soldat
solution /səˈlu:ʃn/	- Lösung
solve /sɒlv/	- lösen
somehow /'sʌmhaʊ/	- irgendwie
sooner /'su:nə/	- früher
sound /saʊnd/	- erschallen, erklingen
soup /su:p/	- Suppe
sour /'saʊə/	- sauer
spades /speɪdz/: **the king of spades**	- Pikkönig
Spain /speɪn/	- Spanien
sparrow /'spærəʊ/	- Spatz, Sperling
speak /spi:k/, **spoke** /spəʊk/, **spoken** /'spəʊkən/	- sprechen
speech /spi:tʃ/	- Rede
speed /spi:d/	- Geschwindigkeit
spell /spel/, **spelt** /spelt/, **spelt** /spelt/	- buchstabieren
spend /spend/, **spent** /spent/, **spent** /spent/	- verbringen; ausgeben
spill /spɪl/, **spilt** /spɪlt/, **spilt** /spɪlt/	- verschütten, vergießen
spiral /'spaɪrəl/	- Spirale
spite /spaɪt/: **in spite of**	- trotz
spotlight /'spɒtlaɪt/	- Scheinwerfer
spring /sprɪŋ/	- Frühling
square /skweə/	- Platz
staff /stɑ:f/	- Personal
stairs /steəz/	- Treppe
stare /steə/	- starren
stationary /'steɪʃnərɪ/	- stationär; unveränderlich

stationery /ˈsteɪʃnərɪ/	- Schreibwaren
stay /steɪ/	- bleiben
steady /ˈstedɪ/: **ready, steady, go!**	- auf die Plätze, fertig, los!
steal /stiːl/, **stole** /stəʊl/, **stolen** /ˈstəʊlən/	- stehlen
steam /stiːm/	- Dampf
steamship /ˈstiːmʃɪp/	- Dampfer
steel /stiːl/	- Stahl
step /step/	- Schritt
stepmother /ˈstepmʌðer/	- Stiefmutter
stocking /ˈstɒkɪŋ/	- Strumpf
stomach /ˈstʌmək/	- Magen; Bauch
stone /stəʊn/	- Stein
strange /streɪndʒ/	- merkwürdig, seltsam
stream /striːm/	- Strom
streetcar /ˈstriːtkɑː/ *AmE*	- Straßenbahn
strength /streŋθ/	- Kraft, Stärke
stress /stres/	- betonen; Belastung
string /strɪŋ/	- Schnur, Kette
strong /strɒŋ/	- stark
study /ˈstʌdɪ/	- studieren
subway /ˈsʌbweɪ/ *AmE*	- U-Bahn
succeed /səkˈsiːd/	- Erfolg haben
suddenly /ˈsʌdnlɪ/	- plötzlich
sufficient /səˈfɪʃnt/	- genug
suffragette /ˌsʌfrəˈdʒet/	- Suffragette
suggest /səˈdʒest/	- vorschlagen
suit /suːt/	- Anzug
sum /sʌm/	- Summe, Betrag
suntan /ˈsʌntæn/	- Sonnenbräune
superstitious /ˌsuːpəˈstɪʃəs/	- abergläubisch
supper /ˈsʌpə/	- Abendbrot
suppose /səˈpəʊz/: **be supposed to**	- sollen
sure /ʃɔː/	- sicher
surface /ˈsɜːfɪs/	- Oberfläche
surrounded /səˈraʊndɪd/	- umgeben, umringt
swallow /ˈswɒləʊ/	- schlucken; Schwalbe
swear /sweə/, **swore** /swɔː/, **sworn** /swɔːn/	- schwören; fluchen
sweat /swet/	- schwitzen
sweets /swiːts/	- Süßigkeiten
swivel chair /ˌswɪvlˈtʃeə/	- Drehstuhl
sword /sɔːd/	- Schwert; Säbel
syllable /ˈsɪləbl/	- Silbe

T

take /teɪk/, **took** /tʊk/, **taken** /'teɪkən/	- nehmen
take away /ˌteɪkə'weɪ/	- wegnehmen
take care of /ˌteɪk'keərəv/	- sorgen für
take over /ˌteɪk'əʊvə/	- übernehmen
tale /teɪl/	- Erzählung
talkative /'tɔːkətɪv/	- geschwätzig
tank /tæŋk/	- Tank
tap /tæp/	- Wasserhahn
target /'tɑːgɪt/	- Ziel
task /tɑːsk/	- Aufgabe
tax /tæks/	- Steuer
teach /tiːtʃ/, **taught** /tɔːt/, **taught** /tɔːt/	- lehren
tell /tel/, **told** /təʊld/, **told** /təʊld/	- erzählen; sagen
terms /tɜːmz/	- Bedingungen
thick /θɪk/	- dick
thief /θiːf/, **thieves** /θiːvz/	- Dieb(in)
thigh /θaɪ/	- Oberschenkel
think /θɪŋk/, **thought** /θɔːt/, **thought** /θɔːt/	- denken, glauben
thread /θred/	- Faden
threaten /'θretn/	- drohen, bedrohen
through /θruː/	- durch
throw /θrəʊ/, **threw** /θruː/, **thrown** /θrəʊn/	- werfen
thumb /θʌm/	- Daumen
thyme /taɪm/	- Thymian
ticket /'tɪkɪt/	- Fahrkarte; Eintrittskarte
tights /taɪts/	- Strumpfhose
time /taɪm/: **on time**	- pünktlich
tin /tɪn/	- Zinn; Konservendose
tiptoe /'tɪptəʊ/	- auf Zehenspitzen gehen
title /'taɪtl/	- Titel
toe /təʊ/	- Zehe
tone /təʊn/	- Ton, Klang
tool /tuːl/	- Werkzeug
tooth /tuːθ/, **teeth** /tiːθ/	- Zahn
toothpaste /'tuːθpeɪst/	- Zahnpaste
torch /tɔːtʃ/	- Taschenlampe
touch /tʌtʃ/	- berühren, erreichen
tour /tʊə/	- Ausflug
towel /'taʊəl/	- Handtuch
tower /'taʊə/	- Turm
tram /træm/	- Straßenbahn
transfer /træns'fɜː/	- überweisen

travel /ˈtrævl/	- reisen
tray /treɪ/	- Tablett
trick /trɪk/	- Stich *(im Kartenspiel)*
trouble /ˈtrʌbl/	- Problem
trousers /ˈtraʊzəz/	- Hose
truck /trʌk/ *AmE*	- Lastkraftwagen
true /truː/	- wahr
trumpet /ˈtrʌmpɪt/	- Trompete
trunk /trʌŋk/ *AmE*	- Kofferraum
trust /trʌst/	- Vertrauen
try /traɪ/, **tried** /traɪd/, **tried** /traɪd/	- versuchen
tune /tjuːn/	- Melodie
turn /tɜːn/: **turn the volume down**	- leiser stellen
turtle /ˈtɜːtl/	- Schildkröte
tuxedo /tʌkˈsiːdəʊ/ *AmE*	- Smoking

U

umbrella /ʌmˈbrelə/	- Regenschirm
unbroken /ʌnˈbrəʊkən/	- ununterbrochen
underground /ˈʌndəgraʊnd/	- U-Bahn
undo /ʌnˈduː/, **undid** /ʌnˈdɪd/, **undone** /ʌnˈdʌn/	- rückgängig machen; aufknöpfen
unfortunately /ʌnˈfɔːtʃənətlɪ/	- leider
unhappy /ʌnˈhæpɪ/	- unglücklich
unit /ˈjuːnɪt/	- Einheit
unless /ənˈles/	- wenn ... nicht
unoccupied /ʌnˈɒkjʊpaɪd/	- frei
unusual /ʌnˈjuːʒʊəl/	- ungewöhnlich
urn /ɜːn/	- Urne
use /juːs/: **it's no use**	- es ist zwecklos (sinnlos)
used /juːzd/	- gebraucht
used to /ˈjuːstə/: **people used to think**	- Leute dachten früher
useful /ˈjuːsfl/	- nützlich
useless /ˈjuːsləs/	- unbrauchbar
usually /ˈjuːʒʊəlɪ/	- normalerweise, in der Regel

V

vacation /vəˈkeɪʃn/ *AmE*	- Urlaub
value /ˈvæljuː/	- Wert
van /væn/	- Lieferwagen
vase /vɑːz/	- Vase

veal /viːl/ - Kalbfleisch
vehicle /ˈviːɪkl/ - Fahrzeug
Vienna /vɪˈenə/ - Wien
viewpoint /ˈvjuːpɔɪnt/ - Standpunkt
violin /ˌvaɪəˈlɪn/ - Geige
visitor /ˈvɪzɪtə/ - Besucher
voice /vɔɪs/ - Stimme
volume /ˈvɒljuːm/ - Lautstärke
vote /vəʊt/ - wählen, abstimmen

W

waist /weɪst/ - Taille
waistcoat /ˈweɪskəʊt/ - Weste
wait /weɪt/ - warten, abwarten
waiter /ˈweɪtə/ - Kellner
walk /wɔːk/ - gehen; spazierengehen
wallet /ˈwɒlɪt/ - Brieftasche
wash up /ˌwɒʃˈʌp/ - abwaschen
waste /weɪst/ - verschwenderisch sein,
                    vergeuden; Abfall
watch /wɒtʃ/ - beobachten;
                    Armbanduhr
water /ˈwɔːtə/ - bewässern
way out /ˌweɪˈaʊt/ - Ausweg
weak /wiːk/ - schwach
weapon /ˈwepən/ - Waffe
wear /weə/, **wore** /wɔː/, **worn** /wɔːn/ - tragen
weather /ˈweðə/ - Wetter
wedding ring /ˈwedɪŋrɪŋ/ - Trauring
weight /weɪt/ - Gewicht
whale /weɪl/ - Wal
while /waɪl/ - während
whoever /huˈevə/ - wer auch immer
whole /həʊl/ - ganz
wide /waɪd/ - breit, weit
width /wɪdθ/ - Breite, Weite
wife /waɪf/, **wives** /waɪvz/ - Ehefrau
willow /ˈwɪləʊ/ - Weide
win /wɪn/, **won** /wʌn/, **won** /wʌn/ - gewinnen
windowpane /ˈwɪndəʊpeɪn/ - Fensterscheibe
wish /wɪʃ/ - wünschen
wood /wʊd/ - Holz; Wald
woodpecker /ˈwʊdpekə/ - Specht
woods /wʊdz/ - Wald
workday /ˈwɜːkdeɪ/ - Arbeitstag

workshop /ˈwɜːkʃɒp/ — Werkstatt
worry /ˈwʌrɪ/ — sich Sorgen machen
worse /wɜːs/ — schlechter, schlimmer

wrap /ræp/ — (ein)wickeln
wrinkled /ˈrɪŋkld/ — zerknittert
write /raɪt/, **wrote** /rəʊt/, **written** /ˈrɪtn/ — schreiben

Y

yellow /ˈjeləʊ/ — gelb
yet /jet/ — schon (jetzt); (immer) noch

Vocabulary
German-English

A

Abbild	-	image
Abfahrt	-	departure
Abkürzung *(e-s Wegs)*	-	short cut
abwesend	-	absent
Adresse	-	address
ähnlich sein	-	look like, resemble
Akt	-	act
Allee	-	avenue
allein	-	alone
anders	-	different
angreifen	-	attack
ankleiden, sich	-	dress
Ankunft	-	arrival
Anstrengung	-	effort
anwesend	-	present
anziehen	-	put on
Apfelsine	-	orange
Armee	-	army
As	-	ace
auch	-	also
auf die Plätze, fertig, los!	-	ready, steady, go!
aufknöpfen	-	undo the buttons
aufpassen	-	look out
Aufzug	-	lift
Augenlid	-	eyelid
ausbrechen	-	break out
Ausgabe *(e-r Zeitschrift)*	-	issue
ausgeben	-	spend
ausgestellt	-	shown, displayed
auslassen	-	omit
Außenpolitik	-	foreign affairs
äußerst	-	extremely
aussprechen	-	pronounce
auswählen	-	choose
Autobahn	-	motorway, expressway *AmE*

B

Bär	- bear
Bargeld	- cash
bauen	- build
beabsichtigen	- intend
beenden	- end, finish
beendet	- done
Befehl	- order, command
befolgen	- obey
begreifen	- realize
behandeln	- deal with
beinahe	- nearly
Beispiel: zum Beispiel	- for instance, for example
bekannt	- familiar
beleidigen	- insult, offend
benutzen	- use
Benutzer	- user
Benzin	- petrol, gas *AmE*
besuchen *(Veranstaltung)*	- attend
Besucher	- visitor
Beton	- concrete
Betrag	- sum
bevor	- before
bewundern	- admire
bis	- till
blau	- blue
bleiben	- remain, stay
blicken	- look
brauchen	- need
breit	- wide
Breite	- width
Briefträger	- postman, mailman *AmE*
Briefumschlag	- envelope
bringen	- bring
britisch	- British
Brot	- bread
buchstabieren	- spell
bügeln	- iron
Bürgersteig	- pavement, sidewalk *AmE*

C

Charme	-	grace

D

Dach	-	roof
damit nicht	-	lest
Dampf	-	steam
dann	-	then
Datum	-	date
davonlaufen	-	run away
denken	-	think
derselbe	-	the same
Dezember	-	December
direkt	-	direct
drücken	-	press
durch	-	through
durchschnittlich	-	average

E

echt	-	real
Ei	-	egg
einfach	-	simple
eintreten	-	enter
Eis	-	ice
Eisen	-	iron
Eisenbahn	-	railway, railroad *AmE*
elf	-	eleven
entfernen	-	take away, remove
entfernt	-	distant
enthalten	-	include
entlang	-	along
erfinden	-	make up
Erfolg haben	-	succeed
Ergebnis	-	result
erinnern, sich	-	remember
erlauben	-	allow, let
Erleichterung	-	relief
erraten	-	guess
erste(r, -s)	-	first
Erzählung	-	tale, story
erzeugen	-	produce, manufacture
essen	-	eat
explodieren	-	go off, explode

Expreß	- express
extrem	- extreme

F

fast	- almost
Feind	- enemy
Fernsehgerät	- television set
Fett	- fat
finden	- find
Finger	- finger
folgen	- follow
fordern	- demand
Frankreich	- France
frei	- free
früh	- early
Frühling	- spring
Frühstück	- breakfast
führen	- lead

G

Gebiet	- area
gebraucht	- used
Geldeinwurf	- slot
Gelegenheit	- chance, opportunity
genau	- exact
geschickt	- skilful
Geschwindigkeitsbegrenzung	- speed limit
gesund	- healthy
wieder gesund werden	- recover
getrauen, sich	- dare
gewinnen	- win
Glas	- glass
Glaube	- belief, faith
gleich	- equal
Glocke	- bell
Gold	- gold
Griechenland	- Greece
groß	- big
gut	- good

H

Händeschütteln	- handshake
hassen	- hate

häufig	- often
Haustier	- pet
heiß	- hot
Herz	- heart; hearts
hier	- here
Hilfsmittel	- aid
Hirsch	- deer
Hunger	- hunger
hungrig	- hungry

I

ideal	- ideal, perfect
inner	- inner
innerhalb	- inside
Insekt	- insect
Intonation	- intonation
irgendwelche	- any
irgendwie	- somehow
Irland	- Ireland
irren, sich	- be mistaken
Irrtum	- error

J

Jahr	- year
jeder	- each
jemals	- ever

K

Käfig	- cage
Kalb	- calf
kalt	- cold
Kamera	- camera
Kapitel	- chapter
Kellner	- waiter
Kinderwagen	- pram, baby carriage *AmE*
Kirsche	- cherry
klar	- clear
Kleid	- dress
Knie	- knee
Kofferraum	- boot, trunk *AmE*
kommen	- come
kompliziert	- complicated
Konservendose	- tin

Kopfkissen	- pillow
Kraft	- power
krank	- ill
Krankenhaus	- hospital
Krone	- crown
Kühlschrank	- fridge

L

lachen	- laugh
Laden	- shop
lang	- long
Länge	- length
Lärm	- noise
Lastkraftwagen	- lorry, truck *AmE*
läuten	- ring
Lautstärke	- volume
leben	- live
lebendig	- alive
Lebensalter	- age
Leder	- leather
leicht	- easy
lieblich	- lovely
Lieferung	- delivery
linke(r, -s)	- left
Loch	- hole

M

Mädchen	- girl
Mais	- maize, corn *AmE*
Mangel	- lack, shortage
manuell	- manual
März	- March
Maß	- measure
Mehl	- flour
Meile	- mile
Menschheit	- mankind
mild	- mild
Mineral	- mineral
Minister	- minister
Mißerfolg	- failure
Mitglied	- member
Möbel	- furniture, piece of furniture
Münze	- coin
Musiker	- musician

N

nachgehen *(Uhr)*	- be slow
Nachrichten	- news
Nadelöhr	- eye of a needle
nahe	- near
neben	- beside, next to
nehmen	- take
nicken	- nod
Niveau	- level
noch einmal	- again
notieren	- make notes
November	- November
nur	- only

O

obwohl	- although
öffentlich	- public
öffnen	- open
Ohr	- ear
ordentlich	- tidy
Ordnung: in Ordnung	- all right
Osten: der Mittlere Osten	- Middle East
Ozean	- ocean

P

Papier	- paper
Partei	- party
Perle	- pearl
Personal	- staff, personnel
Pfeife	- pipe
Pommes frites	- chips, French fries *AmE*
Projekt	- design
Pulverkaffee	- instant coffee
Punkt	- full stop, period *AmE*

R

Rathaus	- Town Hall
Rauschgift	- drug
reduzieren	- reduce
Regen	- rain
regnen	- rain
reich	- rich

Reihe	- row
Respekt	- respect
retten	- rescue
Rindvieh	- cattle
Ring	- ring
rückgängig gemacht	- undone

S

Sache	- thing
sagen	- say
Sahne	- cream
Salz	- salt
säubern	- clean
schämen, sich	- be ashamed
scharf	- sharp
Schauspieler	- actor
scheinen	- appear
Schlange *(von Menschen)*	- queue, line *AmE*
schlecht	- bad
schließen	- shut, close
schlimmer	- worse
Schloß *(an der Tür)*	- lock
schmal	- narrow
schmutzig	- dirty
schon *(in Fragen)*	- yet
schön	- beautiful
schreiben	- write
Schritt	- step
Schubfach	- drawer
schüchtern	- shy
Schuh	- shoe
schuldig	- guilty
schütteln	- shake
schwach	- weak
Schweden	- Sweden
schwierig	- difficult
seicht	- shallow
Seide	- silk
seit	- since
selten	- rarely
Senf	- mustard
sicher *(= gewiß)*	- sure, certain
Sicherheit	- safety
sitzen	- sit
Smoking	- dinner jacket, tuxedo *AmE*

sogar	- even
Sommer	- summer
sonderbar	- odd, strange
sonnig	- sunny
sorgen für	- look after, take care of
Spanien	- Spain
Spaß	- fun
später	- later
Spielstand	- score
stehlen	- steal
Stein	- stone
Stern	- star
Stille	- silence
Straße	- street
Straßenbahn	- tram, streetcar *AmE*
Strumpfhose	- tights, pantyhose *AmE*
stürzen	- fall
suchen	- look for
Süßigkeiten	- sweets, candy *AmE*

T

Tablett	- tray
Taschenlampe	- torch, flashlight *AmE*
Tausend	- thousand
Tee	- tea
teilen	- share
tief	- deep
Tiefe	- depth
Tisch	- table
Titel	- title
Ton	- tone
traurig	- sad
trotz	- despite
Turm	- tower

U

übereinstimmen	- agree
übernehmen	- take over
um ... herum	- around
umziehen	- move
unbrauchbar	- useless
unschuldig	- innocent
Untergrundbahn	- underground, subway *AmE*

unterhalb	- below
Unternehmer *(Arbeitgeber)*	- employer
Unterrichtsstunde	- lesson
untersuchen	- investigate, look into
Urlaub	- holiday, vacation *AmE*

V

verändern	- alter, change
verbieten	- forbid
verbringen	- spend
verdienen	- earn
vergessen	- forget
Vergnügen	- pleasure
verheiratet	- married
verkaufen	- sell
verletzen	- hurt, harm
verlieren	- lose
Versammlung	- meeting
verstecken	- hide
verteidigen	- defend
viel	- plenty of
vor *(zeitlich)*	- ago

W

während	- during; while
Wasserhahn	- tap, faucet *AmE*
weggehen	- leave
weil	- because
Wert	- value
wirklich	- really
wissen	- know
Wohnung	- flat, apartment *AmE*
Wolke	- cloud

Z

zart	- delicate
zeigen	- show
Zeitung	- newspaper
Zentrum	- centre
zerbrechen	- break
Ziel	- aim
zujubeln	- cheer

zurückkommen	-	come back, return
zwecklos	-	no use
Zwiebel	-	onion
zwischen	-	between

Index